ミリオネアの教え、僕の気づき

河本隆行

同時通訳者／ピーク・パフォーマー

SEIKO SHOBO

扉写真……アラン・ピーズ氏と著者➡

目次 —— CONTENTS

第2章 アンソニー・ロビンズの教え　僕の気づき

第3章 ジョン・グレイの教え　僕の気づき

第4章
アラン&バーバラ・ピーズの教え　僕の気づき

第5章
ジョン・フォッピの教え　僕の気づき

装幀――フロッグキングスタジオ

あなたの内に眠っている偉大な可能性を解き放ち、
あなたが夢に描く人生を楽しめることを願って。

我が父、河本行由へ
あなたの情け深い思いやりと無条件の愛がなければ、
この本は存在しなかったことでしょう。
あなたの魂にこの本を捧げます。

僕の人生を変えた5人のミリオネア ● はじめに

▼ 5人のミリオネアから与えられた〈人生の知恵のエッセンス〉をあなたに ▲

〈ミリオネアの教え、僕の気づき〉、この本を手にとってくださってありがとうございます。

では、この本はいったいどんな本なのだろう?

はてさて、何が書いてあるのだろう?

それを説明するのが「まえがき」の役割かも知れませんが、その前にまずは僕の個人史をお話ししなければなりません。

僕は32歳で大学を卒業しました。

日本の大学ではなく、アメリカの大学です。

誤解のないようにもう一度言っておきます。

大学院ではありません。4年制のアンダーグラジュエイト（大学）です。

大学に入学したとき、僕は27歳でした。

27歳!!

27歳と聞いてあなたはどう思われたでしょうか？

普通だったら会社に就職して何年か経ち、ようやく仕事や社内の人間関係にも慣れ、一人前に仕事ができるようになっている頃ではないでしょうか。もちろん社会に貢献し、収入を得ている状態のはずです。

でも僕はそのような一般的な進路、常識な生き方を捨て、自分自身が信じる人生を歩もうと決断しました。

大きなリスクをみずからに課し、巨額な投資をして、やがて来る国際化時代（経済のグローバリゼーション化）に備えよう、それが僕の決断でした。

しかしながら、自分を信じられなくなることがたびたびありました。

もう僕の人生は終わりだ、そう思ったことも何度かありました。

僕が生きているだけで皆に迷惑をかけると信じ込み、何度命を捨てようと思ったことでしょう。

たびたび自分の無力感にさいなまれました。

すべてが無意味なように思えたこともありました。

絶望、というやつです。

一番頭を悩ませたのはお金でした。

アメリカに入国したときは約５００万円の貯金がありましたが、ロサンゼルスのサンタモニカ・カレッジというコミュニティー・カレッジ（短大）を卒業し、ＵＣＬＡ（カリフォルニア州立大学ロサンゼルス校）に編入する頃には、銀行口座の残高はほぼゼロの状態でした。

どうしてもＵＣＬＡを卒業したかった僕はしかたなく日本に戻り、両親に「石にかじりついてでも4年制大学を卒業したいんだ」と懇願しました。

実はそのほぼ10年前、日本の高校を平凡に卒業した僕は大学進学をめぐって父と論争をし、「日本の大学生の堕落ぶりを見てよ！　大学なんて行っても意味がない」と大喧嘩をして物別れに終わった経緯から、「何を今さら……」と拒絶される可能性ばかりを考えていました。

しかし、父はこれまで何度となく自分の期待を裏切ってきた息子を再び信じてくれました。「やれるだけやってみろ」、父の口から発せられたのはそれだけです。

結果的に、学費のほとんどを父から援助してもらうことになりました。

一年間に約５００万円はかかっていたと思います。

二年で１０００万円。

自分でもわけのわからない負債を負ってまで、懸命に生き延びようとしていました。

そう、ただ生き延びよう、と。

しかし状況はさらに悪くなります。

それからしばらくして、ちょっとした不注意で災難に見舞われました。暴漢に襲われて、前歯を一本、根元から失ってしまったのです。

その結果、僕は29歳という若さで入れ歯生活を強いられました。

ちょうどＵＣＬＡに編入した時期ですから、一番お金が不自由だった頃です。

急ごしらえの入れ歯は安もので、口の中に入れていると、いつも嫌な感じがしていました。グラグラしていて、今にもはずれそうなのです。

こんなんじゃ女の子とキスさえできない！

僕は自分を恥じました。

喋っているだけでも入れ歯がグラグラするのです。そのうえ、入れ歯と歯茎の間に唾液がたまって、呂律が回らなくなる始末。いつも入れ歯が外れるんじゃないかとドキドキして、心の休まるときがありませんでした。


巨額の学費。

自由に使えないお金。

グラグラする入れ歯。

食べた気がしない食事。

精神的にも不安定な自分。

うまくいかない男女関係。

思うようにはかどらない勉強。

死のう！

もうだめだ、もう死のう！


自分という存在がまるでゴミのように思えてきました。

生きているだけ無駄、生きる屍。

自分には生きている価値がない。

自分が生きれば生きるほど家族に迷惑をかける、そう思わざるをえない状況でした。

そして僕は実際に、自殺を試みました。

ある晴れた日の午後、住んでいたラ・シエネガ通り近くのアパートにこもり、僕は一本のロープをクローゼットのパイプに引っ掛けました。近くのスーパーマーケットで買ったミケロブ・ビールを半ダースも飲み干し、酒の力を借りて死のうとしました。皮肉にもエアロスミスの「Amazing《アメージング》」が、5年も前にたった30ドルで買ったソニーのラジカセから鳴り響いていました。

I was so sick and tired of livin' a lie ～♪
（嘘ばっかりの生活に嫌気がさして、衰弱し疲れ果てていた）
I was wishin' that I would die ～♪

（死にたいって願ってた）


カーテンを閉め切り、薄暗い部屋の中で、クローゼット・パイプに引っ掛けたロープに自分の首をくくりつけました。

思わずむせび泣きが漏れました。

ごめんなさい、ごめんなさい！

お父さん、お母さん、ごめんなさい……


朦朧《もうろう》とした意識ながらも、幼い頃、江戸川の河川敷で父と母と一緒に凧揚げをした光景を思い出しました。

皆が希望にあふれ、笑ってる。

隆行、もっと、もっと高くあげてごらん！

もっと、もっと、もっと高く！


小学3年生のとき、左足首の骨髄炎の手術を受け、集中治療室で3日ぶりに意識を回復した光景が脳裏をよぎりました。

顔を覆うビニール越しに見える父と母の顔。

大丈夫か、隆行、大丈夫か⁉

僕をアメリカへ送り出した父の声がつづきました。

お前ならきっとできる！

お前ならきっとやれる！


僕はまぼろしを見ていたのでしょうか？

バキッと音を立ててクローゼット・パイプがひしゃげた瞬間、僕はおしりから床に転げ落ちました。

僕の顔は涙と鼻水でグシャグシャでした。

It's Amazing ～♪
(驚きだ)
With the blink of an eye you finally see the light ～♪
(まばたき1つするだけの時間で、希望の光をついに見つけた)
It's Amazing ～♪
(驚きだ)
When the moment arrives that you know you'll be alright ～♪
(時が来れば、きっと大丈夫だって分かってるから)
It's Amazing ～♪

（驚きだ）

And I'm sayin' a prayer for the desperate hearts tonight ～♪

（今夜、絶望の心に祈りを捧げよう）


安っぽけな小さなラジカセからはエアロスミスがまだ流れていました。


生きるんだ！

生きるんだ！　生きるんだ！　生きるんだ！

僕を愛してくれる人たちのために生きよう。

僕が愛している人たちのために生きよう。

生き延びてみせよう！

そして、父と母が誇りに思ってくれるような息子になろう。


そんなときに一冊の本とめぐり合うことになります。きっと僕は何かに助けを求め、無意識にそういったものを探していたのだと思います。

その本の題名は、『入れ歯の歴史』というものでした。

今考えるとかなり笑えますが、そのときはとても真剣でした。

僕はその本を夢中で読みました。

その本によると、初代アメリカ合衆国大統領であったジョージ・ワシントンは20代後半ですでに総入れ歯だった、と説明されていました。そして、当時の入れ歯は質が相当に悪かったらしく、1ドル札のあのワシントンのしかめっ面は、口をグッと閉じていないと、スプリングの力で入れ歯がピョォ〜ンと飛び出してしまうから、と書かれていました。

アメリカ建国の父、独立戦争の英雄、ジョージ・ワシントンが20代後半で総入れ歯だったなんて⁉

笑いがこみあげると同時に、安堵感が訪れました。

ジョージのスプリング総入れ歯に比べれば、僕の入れ歯なんてたったの一本の歯をカバーするだけのかわいいもの。

この瞬間、僕は現代に生まれたことを、初めて心から感謝しました。

有益な情報を簡単に入手できるこの時代に感謝したのです。

〈たった一つの情報が人生を変える〉

ある意味、僕はそのとき初めて本というものに魅了されたような気がします。

それからというもの、僕は気が違ったように自分の欲しい情報を探し出すことに熱中し始めました。

ＵＣＬＡには巨大な図書館がいくつもあって、僕はいつも図書館に入り浸っていました。毎学期課せられる論文を仕上げるのに膨大な資料が必要だったせいもありますが、いつもレポートのためだけに図書館へ通っていたわけではありません。

ＵＣＬＡには日本語の書籍を置いてある図書館もあり、僕は英語で書かれた本に読み疲れると、ストレス発散のため、必ずこの図書館へ立ち寄って時間を過ごしました。

僕の本好きはますます拍車がかかり、ＵＣＬＡの図書館だけでは満足できず、リトル・トーキョーにある日本語図書館までわざわざ車で30分もかけて本を借りに行くようになりました。

司馬遼太郎の『坂本竜馬』を探しにリトル・トーキョーの図書館へ行ったときのことです。2冊の本が僕の目に飛び込んできました。

『金持ち父さん貧乏父さん』と『7つの習慣』という2冊なのですが、タイトルを目に焼き付けただけで、僕はこの2冊の本に手を伸ばしもしませんでした。

今では信じられないほど笑える話なのですが、当時の僕は自己啓発系の本の存在をまったく知りませんでした。

つまり、ナポレオン・ヒル、アール・ナイチンゲール、ジェームズ・アレン、オグ・マンディーノ、ノーマン・ヴィンセント・ピール、ウェイン・ダイアーなどの存在をまったく知らなかったわけです。

まだＵＣＬＡを卒業する前の頃、猛烈な勉強生活に疲れた自分を癒そうと日本へ温泉旅行に帰国したときです。

温泉へ行く前に一度実家に帰省したのですが、長年のアメリカ生活のため、僕の部屋は妹の夫の仕事部屋になってしまっていて、その当時ひとり立ちしてもぬけの殻になっていた弟の部屋で寝泊りすることになりました。

そこで僕は驚愕の光景を目にします。

弟の本棚には所せましと自己啓発本が並んでいたのです！

そして、僕は中でもひときわ目立つ一冊の黄色い本を発見しました。

その本を取り出してペラペラとページをめくってみると、一回も読まれていないことは一目瞭然でした。

もったいないなあ、と思いながら表紙を見てみると、そこには『自分を鍛える本！』（ジョン・トッド著）と書かれていました。

目次をチェックすると、「集中力・記憶力が格段にアップする『短期決戦』法！」とか「人間関係がうまくいく『話し方・交際術』」などと書かれており、僕は歓喜のあまり、自分自身にこう叫んでしまったほどです。

まさに今、僕が必要としているものじゃないか！

僕は夢中になってその本をむさぼり読みました。

忘れもしません、そのときの僕にとって一番インパクトがあった文章はこれです。

〈およその物は権力で手に入れたりお金で買えたりするが、知識だけは勉強して手に入れる以外に方法はない〉

その当時金欠だった僕は、この一節を読み、突然心が豊かになったのを今でも明確に覚えています。

金欠な状態だけど、僕にはこの頭脳がある。もっともっと自分の知識を豊かにする。僕は僕自身であること自体が豊かなんだ！

たった一人の人物、たった一冊の本、たった一つの言葉が運命を変える。僕はそう信じるようになったのです。

そして、僕はこの時期に、『人生を変えた贈り物』の著者である〈**アンソニー・ロビンズ**〉をテレビで発見します。

アメリカではケーブルテレビが一般家庭に普及していて、比較的安価な料金で何百チャンネルも楽しめるようになっています。なかにはインフォマーシャルという24時間のコマーシャル番組だけを流しているチャンネルがあるのですが（日本でいえばQVCなどが良い例です）、深夜11時頃、僕はアンソニー・ロビンズのオーディオ・プログラム『ゲット・ザ・エッジ』のインフォマーシャルに目を奪われました。

テレビの中のアンソニー・ロビンズは、「**人生を変えよう！　君の人生を変えるこ**

とができるのは君だけだ！　今すぐ人生を劇的に変えよう！」と爆発するようなエネルギーで語っていました。

僕はすぐこの『ゲット・ザ・エッジ』を購入し、プログラムを実践し始めます。

パワフル！

彼のプログラムを一言で表現すると、〈**パワフル**〉です。

それまでにも僕はさまざまなオーディオ・プログラムを勉強してきましたが、アンソニー・ロビンズの『ゲット・ザ・エッジ』ほどパワフルで効果的なプログラムを知りません。

僕は当然のごとく、アンソニー・ロビンズのことをより深く知りたいと思い、他のオーディオ・プログラムや書籍を買い求めました。

僕が初めて手にした彼の本は『Awaken the Giant Within』でしたが、その内容の深さに心から感服しました（日本でも『小さな自分で満足するな！（絶版）』というタイトルで翻訳されましたが、原書とはまったく別物です。日本版は原書の3分の1しかカヴァーしていませんし、翻訳が原書のニュアンスを伝えきれていません）。

どれくらい凄い内容かと訊かれたなら、僕はこう答えるでしょう。

「もし残りの人生を一冊の本とともに生きるのであれば、僕は『Awaken the Giant Within』を選びます」と。

さらに僕はこの頃、あるカナダの大富豪と出会います。

彼は、オタワとモントリオールの間に広がる広大な森の中、美しい湖のほとりに大邸宅をかまえる不動産マスターでした。42歳の若さながら一生かかっても使い切れないほどの財産を築き、すでにリタイアしていました。

彼はいろいろなことを教えてくれましたが、なかでも強烈に印象の残るインパクトのあった話があります。

「いいかい、常に勉強することが大事だよ。常に、だ。コンスタントに成長していくんだ。君だったらできる。僕もさまざまな先生たちから学んできた。〈**ロバート・キヨサキ**〉って知ってるかい？　『金持ち父さん貧乏父さん』って本を書いた人さ。日系アメリカ人なんだけど、彼のセミナーはとても参考になったよ。〈**富**〉についてのさまざまな知恵を彼は僕に与えてくれたんだ」

僕は突然、ロサンゼルスの図書館で見た『金持ち父さん貧乏父さん』を思い出しました。

「彼、セミナーやってるんですか？」

「うん、いろいろな所でやってるよ。君も一度受講するといいよ」

初めて読んだロバート・キヨサキの本は、『金持ち父さん貧乏父さん』ではなく『金持ち父さんのキャッシュフロー・クワドラント』でした。お金に関してまったく知識のなかった僕にとって、この本はまさに「目から鱗が落ちる」ほどインパクトがありました。

そして、僕はハワイへ行き、ロバート・キヨサキのセミナーに参加することになります。後ほどこの話は詳しくさせていただきますが、僕の人生はこのセミナーで劇的に変わることになります。


その後、世界各地でのアンソニー・ロビンズのセミナーへも行きました。

僕がロバート・キヨサキやアンソニー・ロビンズの同時通訳をすることになるきっかけを作ったのが彼のセミナーです。マレーシアで開催されたセミナーには日本人の参加者がたった一人しかおらず、ステージ前方の席で目立っていた僕にセミナー主催者が目をつけたのです。

それと同時に、僕はその主催者から「スカイクエストコム」というインターネットでセミナーを受講できるeラーニング・システムを紹介されます。「スカイクエストコム」には、僕が知らなかったさまざまなエキスパートたちのビデオがありました。200以上もあるそのビデオセミナーのなかで、僕がそれまでまったく触れたことがなかった分野の知識を提供しているスピーカーがいました。

これが僕と、恋愛の神様、**〈ジョン・グレイ博士〉**との出会いです。

そして僕は、彼の男女関係論に没頭していくことになります。

このビデオをきっかけに、『ベストフレンド・ベストカップル』『この人と結婚するために』『ベストパートナーになるために』『愛が深まる本』などの彼の著書を読破していきました。

もちろん僕は彼の本から得た情報を行動に移し、実際、自分の男女関係や恋愛関係などを飛躍的に向上させました。

その後、彼のセミナーを受講するためにアメリカまで何度も行きました。

特にジョン・グレイの場合、セミナーと著書では教えている内容がかなり違うため、セミナーで得た情報はとても役立ち、今では僕自身が男女関係のエキスパートになってしまったほどです。

この頃から僕はよく恋愛についての相談を受けるようになり、人々の恋愛についての悩みなどを解決してあげることを生きがいにするような人間になっていったのです。

そして、その「スカイクエストコム」がきっかけで、世界的ベストセラー『話を聞かない男、地図が読めない女』で有名な〈**アラン&バーバラ・ピーズ**〉夫妻のお世話をするようになりました。

２００４年、彼らが日本に滞在していた5日間、僕は彼らと貴重な時間を過ごすことになります。

ここでの彼らとの経験が、さらに僕の男女関係スキルに磨きをかけ、僕はいつから か「Mr.解決マン」と呼ばれるようになっていったのです。

両腕のないモティベーショナル・スピーカーである〈ジョン・フォッピ〉は、僕を「Mr.解決マン」として生まれ変わらせるきっかけを作った人物です。

「君の心に障害がない限り、肉体的や物質的な障害などは存在しない。現実の障害は君自身が作り出すものだ。心がすべてを決定するのだ」

こう力説した彼の魂は、今でも僕の心の奥で燃え続けています。

しかし実は、僕を本当の意味で「Mr.解決マン」へと導いた運命の出来事があります。2003年10月、ロバート・キヨサキ夫妻が来日した際、僕は彼らをボランティアとしてサポートする予定でした。彼らと堅く約束していたからです。

僕はこの日をとても楽しみにしていました。

ところが講演の3日前、僕が日本で面倒を見ていた女性が自殺しました。

彼女は20代後半のとても美しい女性でした。

彼女は破綻に終わった恋愛関係、家族とのコミュニケーション、うまくいかない仕事関係に悩み、僕に相談を持ちかけていたのです。

ちょうどその頃、僕はアンソニー・ロビンズのスキルを使い、自分の運命を劇的に向上させていました。ですから彼女を取り巻く問題も、僕自身に降りかかってきた問題と同じように解決できると信じていました。

しかし、彼女は自分の人生に自ら終止符を打ってしまったのです。

ロバート・キヨサキが横浜で講演をしていたとき、僕はその会場近くの斎場で彼女の通夜に参列していました。

「隆ちゃんに会って本当に良かったです。頑張ろうと思います。心の病との闘いは苦しく、逃げ出したい（自殺）ときもありました。でも今はすごく生きたいです」

これは彼女が自殺する一カ月前に、僕宛てに送った携帯メールのメッセージです。

僕と同じように、彼女も「死にたい」と「生きたい」という感情のボーダーラインを行ったり来たりしてさまよい、結果的に彼女は死を選んだのです。

僕は彼女が自殺しても、「どうして彼女を助けてあげられなかったのだろう？」とは考えませんでした。

僕はすべての人間を助けることができるなどと、そんな傲慢な考えは持ち合わせていません。

僕が考えたことはこうです。

〈どのようにすれば人間は、自分自身をさまざまな逆境から助け出すことができるようになるだろう？〉

この質問には多くの答えが存在するはずです。

今この本を読んでいるあなたにも、その答えのいくつかを発見してほしいのです。

そして、あなたがあなた自身の「Mr.解決マン」「Ms.解決ウーマン」になって、あなた自身に襲いかかっているありとあらゆる問題を解決し、素晴らしい人生を生きていってほしいのです。

僕が5人の世界的スピーカー、5人のミリオネアから分け与えられた〈**人生の知恵のエッセンス**〉を、この本ではなるべく平易に紹介しようと思います。

もちろん、この本を読んだからといって、すべての問題を解決できるなどと断言するつもりはありません。

ただ少なくとも、この本があなたの人生に何かのきっかけを与え、より素晴らしい運命に向かって進む、そう、ちょっとした〈**人生のスパイス**〉のようなものになれたらと心から願うばかりです。

第1章

ロバート・キヨサキの教え
僕の気づき

ロバート・キヨサキ

言わずと知れた世界的大ベストセラー『金持ち父さん』シリーズの著者。世界中で楽しまれているお金儲けを学ぶためのボードゲーム『キャッシュフロー』シリーズの考案者。日系4世のハワイ生まれ。セールスとマーケティングの達人。リッチ・ダッド・カンパニーの実質的なボスで、大勢の専門家（不動産投資家、株式投資家、税金対策専門の会計士など）と巧みにコミュニケートし、莫大な資産を形成している。シンガポールの「ブントンキー」というレストランのチキンライスが大好物で、訪れるたびにその店に現われる。2004年まで「金持ち父さんセミナー・シリーズ」を主催していたが、現在はセミナー・ビジネス界からもリタイアして、妻のキムと一緒に豊かでゆとりある暮らしを楽しんでいる。

www.richdad-jp.com（日本語サイト）
www.richdad.com（英語サイト）

▼「ロバート・キヨサキの弟が僕の隣に座った！」億万長者の席がもたらした幸運▲

僕は躍動するような興奮とともにホノルルでの初めての朝を迎えました。僕が泊まっていたホテルから、**〈金持ち父さん〉**ロバート・キヨサキのファイナンシャル・セミナーが開催されるホノルル・コンベンション・センターまでは徒歩で10分ほどでしたので、エディーバウアーのバッグを左肩からぶら下げ、会場までのパームツリーや色鮮やかな花が生い茂る美しい道のりを歩いていきました。

前日、会場のある場所を確かめるために同じ道を通ったとき、日本人向けの観光ガイドに載っている有名なパンケーキ店が大勢の日本人観光客で賑わっている光景を見ました。

同じように考え、同じように行動する彼ら。そして今日、まだ日本人がまったくいない早朝のパンケーキ店を通り過ぎたとき、僕は嬉しさのあまりから、誰もいない路上で大声を上げて笑いました。こんなことをするのは僕ひとりだ、と。

朝焼けに白く輝く超巨大なホノルル・コンベンション・センターには早朝6時ごろに到着しました。パームツリーに囲まれたコンベンション・センターの正面入り口には黒光りするカメハメハ大王の銅像がひざまずいていて、まるで僕を「おめでとう！君が一番だ」と祝福してくれているようでした。

正面入り口は全面ガラス張りで、中央には上階に続く4基のエスカレーターが静かに止まっているのが見えました。まだ開いてないんだな、そう判断した僕は、仕方なく目の前にある薄汚れたダンキン・ドーナツ店に入り、コーヒーでも飲んで時間を潰そうとしました。コーヒーを飲みながら僕が考えていたことはただ一つでした。

「どうやってロバート・キヨサキさんと話そうか？」と。

コーヒーを飲んでいる僕の前で、ボロボロに汚れた作業服を着て疲れきった表情をした肉体労働者たちが入れかわり立ちかわり過ぎ去って行くのを見て、僕は感慨深い印象を受けました。

「〈**懸命に働く、ではなくて、賢明に働く**〉、か」

これはロバートが彼の著書『金持ち父さんのキャッシュフロー・クワドラント』で使った言葉です。そして、僕は今、その彼に会おうとしているのだ、と。

コンベンション・センターの入り口が7時に開くことを知っていたので、僕は6時45分ごろからそのガラス張りの美しい入り口の前で待ちました。僕の他に待っている人は誰もいませんでした。

「グッド、グッド。これで僕が一番先頭に並べることは確実だな」。僕はそう思いました。

なぜ〈億万長者の席〉を目指すのか

この日の「**金持ち父さんセミナー**」は午前9時スタートのスケジュールでした。

そうです、僕はセミナー開始時間の2時間も前に会場に到着し、一番先頭で会場に入ろうとしていたのです。

なぜ？　理由は簡単です。ロバートが話している場所から一番近い席でセミナーを聴きたかったからです。僕はこの一日セミナーだけのために30万円も投資していました。当時住んでいたロサンゼルスからの往復航空チケット代、ホテル代、セミナー費などです。ですから、僕は相当に気合が入っていたのです。

もう一つ理由があります。僕は常にセミナーを最前列で受講する、いわば習性があります。必ず一番前の席に座るようにしているのです。僕はその席を〈**億万長者の席**〉と呼んでいます。なぜかというと、前の方に座っている人と後ろの方に座っている人では、意識レベルが決定的に違うからです。「まあ、どうでもいいや」みたいな後ろに座っている人々に対して、前方で受講している人々は「必ず何かを学んで帰ろう」という意識がバンバン伝わってくるのです。

事実、僕自身がそうです。僕はいつも、どんなセミナーでも一つは学んで帰ろうという意識を持っています。ここで大事なことは、「そのどちらの人々と友達になりたいか？」ということです。僕は億万長者や成功者たちと仲良くなりたいので、必然的に**〈億万長者の席〉**に座ることを習慣にしたのです。

ですから僕は「必ず一つは学んで帰ろう」という気持ちと同時に、「必ず一人と友達になって帰ろう」という意識を持ってセミナーに参加します。ロバート・キヨサキなどのセミナーには、必ずグループで行なう練習セッションがありますから、近くにいる人々が自分のパートナーになる可能性が高いのです。そして、その後仲良くなって、一生の友人になる可能性もあるのです。

キヨサキ・ファミリーに出会えるなんて!!

さて、話を戻しましょう。

セミナーを主催していたリッチ・ダッド・カンパニーにあらかじめ「全席自由席」であることを僕は確認していました。そして、セミナー参加者の合計が約250人であることも聞いていました。ですから、午前7時、誰もいないコンベンション・センターの入り口で僕は「一番前に座れる」とほぼ確信していました。

会場のセミナー・ルームは入り口のエスカレーターを2階に上がったすぐのところにあり、日本では考えられないほどのゆったりとしたスペースに席は並べられていました。

僕は一番先頭の最高の席に座ることができました。そのときの感激はいまだに忘れることができないほどです。

しかし実は、この後本当の感激が僕に訪れるのですが、この時点の僕はそんなことを知る由もありませんでした。

そうです、ここから夢のような出来事が起こったのです。

僕が億万長者の席についてリラックスしていると、裏口のドアからVIP待遇でやってきた3人組が僕の隣に座りました。

アロハシャツ姿の二人は日系の男性で、赤いワンピースの女性は30代、どうやらマレー系のようでした。青い花柄のアロハシャツの男性は背が高く、大黒様のような顔をして年の頃は50代かという雰囲気でした。もう一人の男性は初々しい顔をしたティーンエイジャーで、会話の内容から彼らが父子であることが分かりました。この男の子とマレー系の女性は遺伝子的にまったく繋がっていないのは明らかでしたが、この女性が青いアロハシャツの男性の奥さんであることは一目瞭然でした。彼がやさしく彼女の肩に手を置くそぶりや、彼女を見つめる目が、僕に「この二人はアツアツだ」と確信させたからです。

僕はいつものようにニコッと笑顔を見せ、「こんにちは。はじめまして。今日はよろしくお願いします」と挨拶しました。

するとその家族の主人である彼は、最高の笑顔を見せ、「こちらこそどうぞよろしく。僕はジョンっていうんだ。こっちは妻のアン、向こうは息子のジェイソン、彼はハイスクール・スチューデントなんだ。こんなに若い頃からお金の勉強してくれて僕は誇りに思っているんだよ。老後の心配もいらないね、ははは。ところで君の名は?」と、親しみのこもった声で訊いてきました。

「タカユキ・カワモトって言います。でも、世界中にいる友人たちは僕のことを『テリヤキ』って呼んでます。ですから『テリヤキ』って呼んでください」と答えました。

すると彼は、大声で笑いながら、「わっはっは! 僕は『テリヤキ』も『スキヤキ』も好きだよ。君は日本人かい? 僕はここハワイに住んでいる日系人さ。日系4世なんだ」と僕の肩を叩きました。

「そうです。僕は日本人です。しかし、今はロサンゼルスに住んでいます。このセミナーのためだけにハワイにやってきました」

「うわぁー、それは凄いね。(彼の妻や息子を見て)この方はロサンゼルスから来たんだそうだ。きっと大成功間違いなしだね」などとセミナー開始前から盛り上がっていました。

さて、このジョンですが、僕はあることにすぐに気づきました。

顔がロバート・キヨサキにそっくり、なのです。

間抜けな僕は、「う〜ん、ハワイに住む日系人って、こういう顔つきの人が多いのかな?」なんて最初は考えていました。

しかし、よく見れば見るほど、ロバートに似ています。

何分か後に、彼が胸につけていたネームタグが僕の目に入りました。そこに書かれていたのは、何と〈Kiyosaki〉の文字。

僕は思い切って彼にこう訊きました。

「ジョン、あなたはロバートの親戚？」

彼は大声で笑いながら、こう答えました。

「わっはっは、テリヤキ、僕はね、ロバートの弟だよ」

奇跡的な出会いで射止めた同時通訳の座

お昼のブレーク・タイムまでに僕らは家族のように親しくなっていました。彼は僕の行動にいたく感心してくれて、興奮した面持ちで「ロバートに僕の新しい家族を紹介しにいくんだ」と僕の手を引っ張り、ロバートや彼の妻であるキムがいるバックステージに連れていきました。

僕の気持ちはもう爆発寸前でした。

今朝までは「どうやってロバートと話そうか？」とアイディアをしぼっていたのに、答えは向こうからやって来たのです。

舞台裏には大小さまざまな機材が並んでいて、このセミナーを運営しているスタッフをはじめロバート・チームの面々がいました。ロバートはジョンを見つけるとやさしい笑顔を見せ、「元気かい？　うまくやってるか？」と熱いハグを交わしました。するとジョンは開口一番、「ロバート、今日は新しい家族を紹介するよ。日本からやって来た『テリヤキ』っていうんだ。まあ、今はロサンゼルスに住んでいるんだけどね。さあテリヤキ、ロバートに挨拶して」

僕はちょっと緊張しながらこう言いました。

「はじめまして、サー。お会いできて光栄です」

「やあ、よくいらしてくれました。ロサンゼルスから来たんだって？　それは凄いね。こちらは、妻のキム」

「こんにちは。はじめまして。よろしくね」とキム。

ジョンとロバートの兄弟はしばらく世間話をしていましたが、急に思い出したようにジョンがこう切り出しました。

「そうだ、兄貴。兄貴たちはもうちょっとしたら日本へ行くんだったよね？　テリヤキを起用してみたらどうかな？」

僕の胸は高鳴りました。

ロバート・キヨサキと一緒に仕事をするだって!?　夢じゃないのか!?

「ああ、それはいいアイディアだね。まったく問題ないよ」とロバート。

「そうね、彼は行動力もあるし、エネルギッシュだし、英語能力も素晴らしいわ。是非一緒にやりましょうよ。あなた、日本に来られる？」とキムが僕に訊きました。

「もちろんです！　喜んで！」

嘘だろ!?　こんなに簡単に話が進むものなのか!?

しかし、キムが思い出したように付け加えました。

「でも、わたしたちがセミナーをマネージメントしてるわけじゃないから、勝手に話を進められないの」

「彼に連絡先を書いてあげなさい」とロバートがキムに促すと、キムは「ええっと、ちょっと待って」と言いながらパソコンをチェックし、白いインデックス・カードに連絡先を書き込んでくれました。

そこにはこう書かれていました。

Richard Tan email: richard@xxx.net tel:xx-xxxx-xxxx

それから一年半後、僕はシンガポールで3日間に渡って行なわれた〈**金持ち父さんの投資家限定スクール**〉で、彼らの同時通訳を務めるという名誉にあずかります。

リチャード・タンという人物はロバート・キヨサキの昔からの親友で、アジアで一番大きいセミナー会社であるサクセス・リソーシーズという会社の社長だったのです。

彼のおかげで、僕はアンソニー・ロビンズの同時通訳やアラン・ピーズのコーディネーターなどを任せられることになります。

そのキャリアのおかげで、今こうして読者であるあなたと知り合えることができているのです。

たった一人との出会い、たった一回の挨拶、たった一度の笑顔から、僕の人生が変わったのです。

この事実、あなたはどう受け止めますか？

僕はここで〈**気づき**〉ました。

人との出会いが人生を変える。
僕は自分が成長できる、
とびきり尊敬できる人たちと出会っていこう。
そして、その人たちにいつも笑顔で話しかけ、
幸せを与えよう。
僕ができることを貢献していこう。
与えていこう。
僕が与えつづけるかぎり、
その人たちは僕のことを大事にしてくれる。
人脈は資産である。
その資産である人脈を生かすも殺すも自分次第なんだ。

▼〈金持ち父さん〉も〈貧乏父さん〉も実在しないだって!?▲

ロバート・キヨサキと同じくらいに、僕には会ってみたい人がいました。そう、ハワイで一番の大金持ち、そしてロバートの友人でもあるマイケルの父親である中国人、〈**金持ち父さん**〉です。

僕は「ハワイへ行く」と決めてから、この〈**金持ち父さん**〉のことばかりを考えていました。

「彼はハワイで一番の大金持ち。きっと大勢のハワイの人たちが知っているはずだ。だから誰かに尋ねればきっと彼のことを知っているはずだろう」と。

ロバートと会って僕の人生が劇的に変わるように、金持ち父さんに出会えれば、きっと僕の人生はもっと劇的に変わることだろうと思っていたのです。

ですから、僕はハワイに住んでいる人々に聞きまくりました。

朝早くからホノルル・コンベンション・センターで並んでいるときも、その時間を利用してハワイ在住の人々にこう質問しました。

「『金持ち父さん』の本名って、何て名前なのですか？　彼はどこに住んでいるのですか？　彼が買ったハワイで一番大きな物件ってどこにあるのですか？」と。

僕は10人ほどのハワイアンにこの質問をしましたが、返ってきた答えはすべて一緒でした。

「知らない。聞いたこともない。いったい誰なんだろうね？」

えっ!?　って感じでした。

そんなに大金持ちで、ロバートのベストセラーで一躍有名人になった（はずの）人ですから、ほとんどのハワイアンは知っていると思っていたのです。

何かがおかしい、僕はすぐにそう直感しました。

あるハワイアンはこんなことも言っていました。

「わたしが知りたいくらいよ。わたしもあの本を読んで『金持ち父さん』に会ってみたいと思ったの。わたしは不動産会社に勤めているからいろいろな同業者に訊いてみたんだけど、みんな知らないって言うのよ」

彼女はそう言うと、皮肉っぽく笑っていました。

それじゃあ、**〈貧乏父さん〉**はどうなんだろう!?

〈貧乏父さん〉とは、ロバートとジョンの実の父親で、教育者であり、ハワイの代議士だった人物です。

僕の隣には〈貧乏父さん〉の息子であるジョンがいましたから、ちょっと失礼かなとは思いましたが、思い切ってこう訊いてみたのです。

「ジョン、あなたとロバートの父親である『貧乏父さん』はどんな方だったの？」と。

するとと、彼は驚愕の返事をします。

「テリヤキ、僕らの父親は〈貧乏父さん〉なんかじゃないよ。あの本はストーリー（物語）さ」

はぁ？

ストーリー？

フィクションってことですか？


僕は「騙された！」というよりも「凄い！」と心から感動しました。

あんな緻密に構成された作り話で、経済的豊かになる秘訣を分かりやすく教えることができるロバートのスキルに感動したのです。

よくこういう話をすると、「何言ってるんだ！　彼は読者を騙しているだけじゃないか。あんなに彼の話を信じていたのに……」なんて勝手に憤慨する人がいますが、それはお門違いです。

それから、「彼の不動産投資成功話はアメリカでやったことでしょ。日本じゃ通用しないよ」なんて言う人もいますが、これもお門違いです。

こういう人たちは「彼が本当にやっていること」を真に理解しようとしていないので、彼の本質が見えてこないのです。

「こんなアイディア、実現できるわけがない」ではなく、「こんな考え方もあるのか。こんな考え方をしてもいいんだ」と考えるべきなのです。

ここが違う、あそこが間違ってる、条件が違う、時代が違うと、**〈ネガティブな部分に焦点を当てる〉**人は斬新な発想が生まれません。

彼が本当にやったことは、彼の本のなかに書かれていることではなく、全世界で約2000万部の本を売ったという事実なのです。

そこに焦点を当てるべきなのです。

よく言われていることですが、彼は決して不動産の投資で豊かになっていったのではありません。

彼が裕福になれたのは、彼のセールスとマーケティング能力によるものです。それを裏付ける証言がインターネットの至るところに存在しています。

そうです、彼は投資のエキスパートではありません。

彼は**〈セールスとマーケティングのエキスパート〉**なのです。

キヨサキ自身から聞いた秘密の仕掛け

これを証明する話を、なんと実際にロバート自身の口から、いわば彼の**〈秘密〉**を聞いたことがあります。

後日、僕はロバートの同時通訳をすることになるのですが、その打ち合わせのときのことです。彼はその会議室にいた世界各国の通訳者たちにこう質問しました。

「僕がどうして『金持ち父さん貧乏父さん』を書いたか分かるかい？　あの本の存在の本当の意味を理解しているかな？」

僕を含め通訳者たちはキョトンとしていました。

僕などは「どうして？　って、それは自分が成功してきたことを読者に教えてあげたかったからじゃないのかな？」くらいの平凡な考えしか思いつきませんでした。

そして、彼の答えは僕の凡庸な脳みそに炎をそそぐことになります。

「あの本はね、ボードゲームである『キャッシュフロー』シリーズを僕の代わりに売ってくれるパンフレットであり、カタログ的なものなんだよ。僕は自分でゲームを売りさばくなんてことはしたくなかったから、あの本に僕の代わりをさせようと思って書いたんだ。つまり、『金持ち父さん貧乏父さん』はボードゲームを売るための〈**仕掛け**〉なんだよ。そしたら、思った以上に売れちゃったというわけ、わっはっはっは！」

パンフレット!?

カタログ!?

ボードゲームを売るための仕掛け!?

思った以上に売れちゃった!?

わっはっはっは!?

『キャッシュフロー』が200ドルに対して、本は10～20ドル（アメリカでの定価）だろ？　だから、最初に安価な本を読んでもらって、それから高額な『キャッシュフロー』ゲームに興味を持ってもらおうってアイディアだったんだ。だから、あの本の中には『キャッシュフロー』ゲームを買ってもらうためのありとあらゆる仕掛けがしてあるんだよ」

な～るほど……そう言われてみれば、そうだ。

恐るべしロバート・キヨサキ、セールスの鬼、マーケッティングの天才。

僕はここで〈**気づき**〉ました。

斬新なアイディアに限界はない。

自分の頭と心が自由であればあるほど、既成概念にとらわれることはない。

素晴らしいアイディアを発見できるかどうかは、自分のなかに眠っている発想の柔軟性を磨いていくことなんだ。

僕はありとあらゆる話に耳を傾けよう。

僕はありとあらゆる話を柔軟に受け止めよう。

そして、自分に応用できるように解釈していこう。

▼キヨサキが教えてくれた未知の英単語、〈エフェメラリゼーション〉という魔法の杖▲

ロバート・チームの面々と通訳チームとの打ち合わせはセミナー前日にありました。シンガポールのほぼ中心街にあるグッドウッド・パークというホテルの会議室で行なわれたのですが、その会議室の大きさといったらたった10畳くらいで、10人ほどが座れるテーブルと椅子が真ん中に置かれているだけでした。

そんなこぢんまりとした場所で、約7時間もダイレクトにロバート・チームと時間を過ごすことができたなんて嘘みたいな話だと思いませんか!? こんな話、あなたは信じられますか？ 少なくともその場にいた僕は信じることができませんでした。これは夢か！ 夢なら覚めないでくれ！ と願ったほどです。

ドキドキする胸の鼓動を感じながら、幸運にもそれは実際に現実の世界で起こりました。今でもありありと、部屋の匂い、クッキーとコーヒーの味、ロバート・チームが喋った内容、彼らの笑顔、握手の感触などを思い出せるほどです。

しかし、何という長いミーティングでしょう！ 僕があんなに長いミーティングに参加したのは後にも先にもありませんが、あれほど価値のある時間を凝縮して過ごせたのも僕の人生で後にも先にもありません。
さて、どうしてそんなに長い時間を打ち合わせに使ったかというと秘密があります。知りたくありませんか？

大幸運の少人数集中セミナーで大興奮

当初、僕はセミナー主催会社から「通訳チームのミーティングが事前にある」と聞いていたので、前回のように録画されたセミナービデオの英語音声に合わせて同時通訳の練習をするのだと思い込んでいました。ところが打ち合わせの会議室に到着すると様子がまったく今までとは違っていることに気がつきました。テーブルの上にはペンとノートが置かれ、入り口の近くにはセルフサービスのクッキーとコーヒーが用意されていたのです。

ん？　いったい何が始まるんだろう……

期待と不安とを交錯させながら、僕は他の通訳者と一緒にミーティングが始まるのを待っていました。

しばらくするとロバート・チームのビジネス部門担当、ケリー・リッチーが登場しました。頭はボサボサ、シャツはよれよれ、目はうつろという印象の男性でしたが、オーストラリア人特有のフレンドリーな雰囲気を感じさせながら通訳者たちと挨拶をしていると、すぐにセミナー主催者でもあるサクセス・リソーシーズのリチャード・

タンＣＥＯも現われ、この打ち合わせは〈**ロバート・チーム全員によるビジネス＆投資専門用語を確認するためのセミナー・リハーサル**〉だと告げました。つまり、通訳者のための〈**専門用語確認レクチャー**〉をするというのです。

僕の胸の鼓動は一気に高まりました。

嘘だろ⁉　ロバートたちがこんな少人数に向かってレクチャーをするなんて……ああ、なんて僕は幸運なんだろう、神様ありがとうございます。僕はこの一日だけで、たった一曲の大ヒットだけで一生食べていける演歌歌手のように生きていけます。ホント、僕は夢を生きている！

ミーティングが始まると、フランチャイズ経営専門家であるケリーは、通訳者にビジネスについてレクチャーしました。彼が講義している間に、ぞくぞくとロバート・チームが会議室に登場しました。不動産投資専門家のケン・マクルロイ、セールス専門家である『セールス・ドッグ』の著者ブレア・ジンガー、ロバートの妻であるキム・キヨサキ、そして……

ある男が部屋に入ってきた瞬間、まさに一瞬でその場の空気が研ぎ澄まされたように変わったのが分かりました。僕は部屋の入り口に背を向け、レクチャラーの真正面に座っていたのでその男の顔は見えませんでしたが、ロバート・チームの面々と通訳者たちの表情から（なかには唾をゴクリと飲み込んだ表情も見えました）、その男が誰だか分かりました。

その男は、なんと、僕の右斜め後ろ50センチあたりに席を取り、ドカッと足を組んで座りました。目をチラリと右斜め後ろに向けてみると、ピカピカと黒光りした高級そうな靴が見えました。

うぉおお！　彼だ！

どうやら急いで駆けつけたらしく、息づかいがダース・ベイダーのようにハァハァと苦しそうな感じでした。この苦しそうな呼吸に僕の心は何度か乱され、目の前で行なわれている講義に集中できなくなったほどです（やはり健康が一番、食べすぎはいけません）。

セールス担当のブレア・ジンガーが講義していると、その男はおもむろに立ち上がって、「ストップ！　それはもういい。そんなのは説明しなくていい。十分だ」と、にらみを利かせ、イライラした声色で言い放ちました。

それに対してブレアは一瞬ビクッとしたそぶりを見せ、まるでお父さんに怒られている少年のように「は、はい」とうわずった声で返答したのです。これには僕もびっくりしました。彼はまるで〈**親分**〉です！

その親分は僕の右横をすっと通り抜け、ブレアに向かって歩きだしました。彼の着ていた黒Tシャツの背中には汗がしたたるように流れ、ビチャビチャに濡れていました（シンガポールはとても湿度が高く暑いのです。もちろん部屋はエアコンがきいていましたが……）。

「もういい。ここからは私がやろう」

このドスの利いた声、このトーン、この喋り方！　ついに親分、ロバート・キヨサキの登場です。彼はメタリック・ダークシルバーのスーツと黒Tシャツというシンプルながらも品のある、お金持ちらしい服装をしていました。

ゆっくりと話し始めると、もうそれからは彼の独壇場でした。時おり冗談を交えながら、顔を真っ赤にして笑う彼独特のスタイルが炸裂するのです。

〈エフェメラリゼーション〉、それって何？

ここからの約3時間の講義は、僕の一生を劇的に変えてしまったほどのインパクトを持つものになりました。僕はこの約3時間のロバートによる少人数集中セミナーを**〈億万長者セミナー〉**と名づけたほどです。

3時間ほどのセミナーでは料金は通常5千円から5万円くらいでしょうが、このロバートによるセミナーの価値は計り知れません。彼は何百人何千人を相手に講演をする売れっ子講師です。数日間にわたって行なわれる10万円から50万円もの受講料のセミナーでも、ロバートになかなか直接質問できるチャンスはないのです。

イメージできますか？　僕がいた会議室には、たった10人しかいなかったわけです！　僕はここぞとばかり、ロバートに質問しまくりました。

そのなかでも僕にとって特にインパクトがあったコンセプトが「**Ephemeralization**

〈エフェメラリゼーション〉」です。

このエフェメラリゼーションの説明をしたときに、ロバートは例のセリフ、

「あの本はね、ボードゲームである『キャッシュフロー』シリーズを僕の代わりに売ってくれるパンフレットであり、カタログ的なものなんだよ。僕は自分でゲームを売りさばくなんてことはしたくないから、あの本に僕の代わりにさせようと思って書いたんだ。つまり、ボードゲームを売るための仕掛けなんだよ。そしたら、思った以上に売れちゃったというわけ、わっはっはっは！」

そして、

「『キャッシュフロー』が200ドルに対して、本は10〜20ドルだろ？　だから、最初に安価な本を読んでもらって、それから高額な『キャッシュフロー』ゲームに興味を持ってもらおうってアイディアだったんだ。だから、あの本のなかには『キャッシュフロー』ゲームを買ってもらうためのありとあらゆる仕掛けがしてあるんだよ」

という例の秘密を口にしたのです。

さて、エフェメラリゼーションとはいったい何のことなのでしょうか？　このエフェメラリゼーションは、ギリシャ語で「一日の生命の」という意味の〈**Ephemeral＝一日限りの〈一回限りの〉**〉から派生した言葉です。

エフェ、エフェメララ……何だって？？？

僕はロバートからこの言葉を初めて聞いたとき、うまく発音することもできなかっ

たほどです。

ロバートはゆっくりとこのコンセプトを説明してくれましたが、それでも僕は理解できず、彼にこう質問しました。

「ロバート、質問させてください。あなたの言う〈**エフェメラリゼーション**〉というのは〈**レバレッジ（てこの力）作用**〉みたいなものですか？」

ロバートは一瞬、「何で分からないんだろうな、まったく……」みたいな表情を見せましたが、僕の質問に丁寧に答えてくれました。

「テリヤキ（ロバートも僕のことをこう呼びます）、エフェメラリゼーションとレバレッジはまったく違うコンセプトだよ。

いいかい、レバレッジというのは、〈**ＯＰＭ（Other People's Money＝他の人のお金）**〉や〈**ＯＰＴ（Other People's Time＝他の人の時間）**〉のことだ。例えば、僕が自分自身で本を売るとするとどうなる？　自分で編集して、自分でデザインを考えて、自分で製本して、自分で在庫管理して、自分で流通させる……まったく大変な作業だ。これが〈**レバレッジが利いていない**〉状態だ。

僕はレバレッジを使う。だって、僕の代わりにワーナー＆タイム社が僕の本をアメリカ全土に流通させてくれるんだよ。結果的に何百万部という本が売れることになる。僕がやっていたら、僕の人生は終わっちゃうよ、わっはっはっは。これが〈**レバレッジを使う**〉という意味だ」

「うん、うん」。僕はうなずきました。

「エフェメラリゼーションというのは、自分ができることを機械や物などにやらせて、自分がしなければならないアクションを一回限りにさせることだ。例えば、僕が本を書くというのはエフェメラリゼーションだ。なぜならば、僕は本に書いてある内容を何度も何度も人々に説明したくない。『ロバート、キャッシュフローって何？』って訊かれてもその質問には答えず、『僕の本を読んでください』って言うよ。何度も何度も同じ質問に同じように答えていたら、僕の大切な時間は瞬く間になくなってしまうよ。僕は自分の時間を一番大切にしているからね。同じやるんだったら、〈**Just do it**（**ただやる**）〉ではなく〈**Just do it once**（**ただ一回だけやる**）〉さ」

ビビビッ！　と僕の頭に電流が流れました。

これだ！（実は、今あなたが読んでいるこの本を書こうと思ったのもこの瞬間です）

「同じセミナーを何百回もやって人々に説明するのと、一回録画したセミナーのＣＤを何万枚売るのとどっちがいい？　考えるまでもないだろ？　この世の中で一番貴重なものは**時間**だよ。つまり、エフェメラリゼーションというのは、〈**時間という豊かさを僕らに生み出してくれる魔法の杖**〉なんだ」

僕はこの話を聞き、日本に帰って来てからというもの、僕のアクションを可能な限り〈**Ephemeralizing**（**エフェメラライジング**）〉（エフェメラリゼーション化）させています。

魔法のコンセプトで激変した僕のビジネス

例えば、僕は「スカイクエストコム」というインターネットでありとあらゆる分野のセミナーを勉強できるシステムを使ったネットワーク・ビジネスに参加しています。これは、この本にもたびたび登場するロバート・キヨサキやアンソニー・ロビンズのセミナーを主催しているアジアで最大のセミナー会社であるサクセス・リソーシーズのCEOリチャード・タンが作りだしたeラーニング・システムの最高傑作です（この本で紹介しているロバート・キヨサキ、アンソニー・ロビンズ、ジョン・グレイ博士、アラン・ピーズ、そしてジョン・フォッピなどのビデオセミナーが200以上観られるシステムになっています）。

このビジネスに参加した当初、僕は従来通りのネットワーク・ビジネスの成功原則に従い、多くの人に会って説明したり、事業説明会でスーツを着て大勢の前で喋っていました。

来る日も来る日も同じことを喋りつづける自分に嫌気がさしたのは言うまでもありません。このビジネスがうまくいけばいくほど、僕の人気はうなぎのぼりで、ありとあらゆるところからラブコールがかかりました。僕のプライベートな時間は失われ、ストレス・レベルは上昇していました。そんなときにこの〈**エフェメラリゼーション**〉というコンセプトをロバートから教わったのですから、僕は何という幸運の持ち主でしょう！

僕はそれ以来、事業説明会で人前に立ったり、人に会って直接ビジネスについて説明することを限りなく少なくしました（自分が喋りたいときだけ喋るようにしています）。そして、今はビジネスに関わっているすべてのものをエフェメラリゼーション化させています。そうです、〈**Just do it ONCE**（**1回だけ**）〉です。さあ、もうお分かりですね。あなたも可能な限りあなたに関わっていることをエフェメラライジングしていきましょう、なぜなら、あなたの時間はこの世で一番大切なものですから！

僕はここで〈**気づき**〉ました。

何度も同じことを繰り返し行ない、
自分の時間を粗末に扱うようなことはしない。
やるんだったら、
一度だけで今後ずっと自分に恩恵が訪れるような
方法を学んでいこう。
僕は可能な限り、自分に関わっている事柄を
エフェメラリゼーション化させていく。
そして、
大切な時間を大切な人たちと大切な事だけのために使う。

▼ロバート・ザ・セールス・マシーン「自分にアイディアを売る」極意▲

ロバート・キヨサキのセミナーに参加したことがある方ならご存じだとは思いますが、彼のステージはまるでテレビのカタログ・ショッピングのようです。

高さが5メートルもあるような大きなスクリーンが左右に立ち並ぶステージの中央には、今までロバートやロバート・チームの面々が製作してきたCDやテープなどのオーディオ・プログラム、そして無数の書籍が所狭しとセットアップされています。

その光景はまるでその数々の商品がセミナーの主人公であるかのようです。

「私たちを買って！　買って！」と懇願しているような商品群とロバート・キヨサキに、セミナー参加者はやがてセールスの魔法にかけられてしまいます。

なんという運命でしょう！

〈**セールス・イコール・インカム（収入）**〉と、ロバートはつねづね力説します。

収入を増やしたかったらセールスを増やせという意味なのですが、彼はもっと深いところでこのコンセプトを説明します。

「世の中には〈**自分の扱っている商品は最高のものだから、きっと売れるはずだ**〉と錯覚している人が多い。君たちの周りに山ほどある商品を眺めてみてほしい。きっとほとんどの商品は素晴らしいものに違いないはずだ。しかし、売れている商品と売れていない商品がある。それがなぜなのかという理由、つまりは〈**セールスというスキル**〉によって差が生じていることを理解してほしい。今は販売心理学なんて学問があるくらいだからね」

そして、ロバートは自著でも紹介しているあるエピソードを語ります。

「分かりやすい話をしよう。僕はシンガポールで文学部を卒業したジャーナリストに会ったんだ。彼女は『自分の本は素晴らしい本なのですが、まったく売れません。どうすればあなたの本のように売れるようになるのでしょうか？』と訊いてきた。だから僕は彼女にこう答えたんだ。『セールスの勉強をしなさい』と。そうしたら彼女は顔を真っ赤にして怒り始めたんだよ、『わたしはセールスをするために大学で文学を学んだのではない！』ってね。そして、感情的になって扉をバタンと閉めて部屋を出ていってしまったよ。彼女はね、大事なところを理解できなかった。僕は優秀な作家ではなくて、ベストセラー作家だということをね」

彼はよく自分のことを「大したことのない作家」と冗談っぽく皮肉り、ただ「売るスキルを持った作家」だからこそ自分の作品をベストセラーにすることができたのだと豪語してはばかりません。

〈セールス・スキル〉があれば思い通りに生きられる

セールスとは物を売るだけの技術ではない、と彼は付け加えます。

「セールス・スキルのなかでもとても重要なスキルは〈**自分にアイディアを売る**〉ことや〈**自分自身を相手に売り込む**〉ことだ」。ロバートはそう説明するのです。

自分にアイディアを売る、とはいったいどういうことでしょうか？

朝、自分が起きる場面を想像してみてください。

「ああ、起きなきゃ……でも起きるの嫌だな」とか「走ろう……でも今日は疲れてる」とか、自分の心の中で呟いたことが一度や二度はありませんか？

そこで自分を納得させるために、自分にアイディアを売るわけです、どうして起きなければいけないのか、どうして走るのかということを。

あなたがどこかのコンピューター会社のセールスマンだとします。その会社はとても高額なコンピューターを売っている。あなたがもし、「こんな高額なコンピューターをお客さまが購入するはずがない」と思っていたとすれば、あなたは良い結果を出せますか？　出せるわけがありませんよね。だからまず最初に、〈**自分にアイディアを売る**〉。このコンピューターはこういう長所を持った製品だから売れるんだというアイディアを自分に売るわけです。

自分自身を相手に売り込む、とはよくセールス業界で言われていますが、ロバートは独特の話法でこのコンセプトを説明してくれます。

「ねえ、キム、僕は君に僕自身を売り込んだよね？　そうだろ？」

ロバート・キヨサキにそう訊かれた妻のキムは笑いながらこう答えるのです。

「ええ、そうね。まったく、その通りだわ」

「僕は自分を彼女に売り込むためにまずリサーチした。彼女はロマンティックなものが好きだったんだ。特にろうそくの炎を眺めながら楽しむディナーや、月明かりの下でビーチをゆっくりと散歩することが大好きだった。僕はそれをオファーしたんだ。僕と一緒にいてくれたら君の大好きなことを叶えてあげるよって。つまり、僕自身を売り込んだんだ。これがセールスさ。

セールスのスキルがない人は常に苦渋を味わう。逆にセールスのスキルがある人は自分の思い通りに生きることができる。お金を借りるのだってセールスだよ。お金を得るために自分自身を売り込むんだ。そして信頼を勝ち得る。すべてセールスなんだ」

なるほど！

商品を売るだけがセールスではなく、自分自身を納得させたり、女性にプロポーズする技術もセールス・スキルというわけで、世の中はセールス・スキルに長けた人々がおいしい思いをするようにできているのです。そのためのコミュニケーション・スキルだったりするわけです。

後の項でも説明しますが、ロバートはコミュニケーション・スキルの達人です。それは、仲間、チーム、お客さん、恋人、どんな人にでも威力を発揮します。そしてとりわけ、セミナー受講者たちとのコミュニケーションにおいて、彼のセールス・スキルは最高に輝きます。

「僕が今説明したキャッシュフロー・クワドラントというのは、金持ち父さんシリーズ二作目のこの本……」と言いながらステージ中央に並んでいる商品に近づき、彼は『金持ち父さんのキャッシュフロー・クワドラント』を胸に抱え、ステージ前方に戻ってきます。

「この本を読んだことがある方は手を挙げてください」と言いながら、彼は本を高々とセミナー受講者たちに掲げます。

「それでは次に、まだ読んでいないという方は手を挙げてください。あれっ、まだけっこういますね。この本は今話したコンセプトを理解するのにとても重要ですから是非読んでください。売店で購入できます。売り切れるといけないので、次の休憩時間に購入されるといいでしょう。セミナー終了後、サインして差し上げますよ」

もうお分かりですね。このような調子でロバートはセミナー中、彼の商品をセールスしまくるのです。

大富豪キヨサキと天才画家ピカソ、意外な共通点とは

ロバートのセミナーを受講していると、「このセミナーはまったく意味がない。こ

の男（ロバートのこと）にはまったく呆れてしまうよ。セミナーという名を騙って、自分の商品のセールスばかりしているんだから！　ふざけるのもほどほどにしてほしい」などという声を他の受講者からよく聞くことがありますが、この人たちにはまったく物事の本質が見えていません。このスキル、つまり、ロバートがセミナー受講者たちの前で実践している〈**セールスのスキル**〉こそが重要なのです。

どうすれば物を売ることができるのか、どうすればもっと収入をあげることができるのか、を実際に実践して見せてくれているのです。

あなたは二人の有名な画家のストーリーをご存じですか？　そして、その二人の大きな違いをご存じですか？

一人はゴッホといいます。そうです、あの『ひまわり』で有名な後期印象派のオランダの画家です。彼の絵に日本の大金持ちがオークションで高額な値をつけて話題になることがありますから、一度ならず彼の名前を聞いたことがあるはずです。

そのゴッホ、困窮の末の自殺で人生を終えていることをご存じでしたか？　この話もきっと聞いたことがあるはずです。それも30代後半という若さです。『耳を切った自画像』でも有名なように、彼は大失恋をして自分の耳をそぎ落としたことで有名です。しかしながら、あまり知られていないことですが、彼を知るうえでさらに重要な事実があります。それは、「数ある彼の作品のなかで、彼が生きている間に売れた作品はたった2作品（そのうちの1作はただ同然で相手に提供した）」という事実です。驚愕です！　僕はこの話を知ったとき、息が止まりそうなほど絶句しました。ゴッホのほとんどの作品は死後に売れている、ということなのです。

ゴッホとは反対に、人生を最高に楽しく生きた画家がいます。誰もが知っている有名なアーティスト、ピカソです。（僕にとっては）理解しがたい奇抜な画風「キュービズム」で有名なスペインの画家です（ちなみに、僕はアメリカで大学に通っていた頃、アートのクラスを受講していたのですが、ピカソが5歳の頃に描いたという絵を見て驚いたのを今でもはっきりと覚えています。まるでその絵は「写真」のようでした！）。彼もゴッホと同じく伝説的な画家ですが、ゴッホとはまったく違った人生を歩みました。まず彼はゴッホのように自殺などせず、なんと80歳を過ぎても創作活動を続けました。そして、女性との愛に縁がなかったゴッホとは対照的に、ピカソは多くの女性を愛し、また愛されます。そして、ここに注目です。ピカソの作品は数え切れないほど存在しますが（幼い頃から80歳代まで活動したわけですから当然です）、「彼が生きている間に、そのほとんどの作品は売れた」という事実です！　つまり、ピカソはゴッホとは対照的に、裕福な金持ちだったわけです。

何という不公平な世の中でしょう！　二人の伝説的な大天才画家の人生はこんなにも違うのです。賢明な読者のあなたならこう考えるはずです。

「どうしてゴッホの絵は売れなくて、ピカソの絵は売れたのだ？」と。

よく言われていることですが、「ゴッホの絵は時代を先取りし過ぎてしまって、その時代の人々には理解されなかった」などという意見があります。しかし考えてみてください。ピカソの絵だって「時代を先取り」していたはずです。（僕みたいな）普通の人には理解できないようなあんなひっちゃかめっちゃか（ごめんなさい！）な絵なのですから。

ゴッホがどうやって絵を売っていたのか知りませんが（結局彼は絵を売ることができませんでしたから）、ピカソがどのように絵を売っていたのか僕は話を聞いたことがあります。興味深い話だと思いませんか？

ゴッホとピカソの自画像や顔写真を見たことがある方ならお分かりだとは思いますが、ゴッホは暗い表情をし、ピカソは精悍で人懐こい顔つきをしています（多少の意見の違いはあるとは思いますが……）。

これは偶然だと思いますか？

もちろん偶然ではありません。必然です。

きっと、ゴッホはあの暗い顔で（その当時は）理解されがたい絵を売ろうとしていたので、ますます売れなくなっていったのでしょう。そして、絵がますます売れなくなると、ゴッホのあの暗い表情はますます暗くなっていったはずです。

そのゴッホとは対照的に、ピカソはこうやって彼の絵を売ったというのです。

ピカソは定期的に自宅でパーティを催し、毎回著名な政財界のゲストを大勢招いていた。そこで彼は新しく描きあがった作品を展示し、パーティのゲストにお披露目をしていた。絵は毎回のように高額な値で瞬く間に売れ切れてしまうことがほとんどだった――。

何か気がつきませんか?

そうです、ピカソはロバートと同じようなことをしていたのです。つまり、ピカソもロバートと同じく、〈**コミュニケーションとセールス・スキルの達人**〉だったというわけです。

セールス・イコール・インカム、実に素晴らしい教訓です。

あなたはピカソになりたいですか?

それとも、ゴッホ?

僕はここで〈**気づき**〉ました。

商品が素晴らしいだけでは不十分。
自分の収入をあげるためには
確かなセールス・スキルが必要である。
自分自身にアイディアを売り込むこと、
自分自身を相手に売り込むこと、

そして、自分の商品を売ることができること。
セールス・スキルは
自分の収入を上げるための
最も確実で最もベーシックなスキルである。

▼「窓にぶつかるハエ」だった僕、最初の5分だけでも価値のあるキヨサキの話▲

ハワイのセミナーが始まるほんの5分前、ステージの下手《しもて》のそでに、ピカピカに光るグレーのスーツを着たロバート・キヨサキがやってきました。

ロバートは緊張しているのかとても落ち着かない様子でした。顔をブルブルっと横に振ったり、脚をブラブラさせたりして、自分を落ち着かせようとしているのがありありと見て取れました。

セミナーが始まると、ロバートはステージに登場するなりシリアスな顔つきで自己紹介を簡単に済ませ、いきなりこう質問しました。

「クレジットカードをお持ちの方は手を挙げてください」

アメリカはカード社会ですから、当然、会場を埋め尽くしていた9割近くの人々が手を挙げました。

ロバートは次にこう質問しました。

「では、今手を挙げた方たちのなかで、カードを頻繁に使用している方は手を挙げたままでいてください」

その9割の人々のほとんど全員が手を挙げ続けていました。

彼は引き続き険しい顔つきをしながらこう質問しました。

「では、手を挙げている方たちのなかで、ペイチェック（「チェック」は小切手という意味ですが、ここでは〈**給料**〉という意味です）を毎月貰っている方々は手を挙げ続けてください」

ほとんどの人々が手を下ろしませんでした。

そして最後に、彼はこう質問しました。

「それでは今手を挙げている方たちのなかで、経済的自由を手にしていると思っている方は手を挙げ続けてください」

この質問をロバートが言い終わった直後、全員が手を一斉に下ろしました。

「皆さん、一体どうしたんです!?」（大爆笑）

彼はゲラゲラとお腹を抱えながら顔を真っ赤にして大爆笑していました。

そして、こう言ったのです。

「もしうまくいっていないと思うなら、逆のことをしてみなさい」と。

不調のときには「逆の道を行け！」

ここで彼はこんな例え話を披露しました。

「ほとんどの人は同じガラス窓にぶつかり続けるハエになってしまっている。そのガラス窓は閉まりきっているのに、何度も何度もぶつかり続ける。外に出られるわけないよね？　閉まっているわけだから。だったら反対の方向へ行ってみるのも手だ。もしかしたら、反対側には全開になっている窓があるかもしれないだろ？」

　僕はロバートが話し始めてからのこのたった5分で、パンツに火がついたくらい目を覚まされました。

　ああ！　そうか！　僕はロバートが言うように、**〈同じガラス窓にぶつかり続けるハエ〉**だったんだ！

　彼はホワイトボードに向かって書き始めました。

クレジットカードを持っている⇩　**その逆は**⇩　クレジットカードを持たない
クレジットカードを使っている⇩　**その逆は**⇩　クレジットカードを使っていない
給料を貰っている⇩　**その逆は**⇩　給料を出している（または貰っていない）
税金を払っている⇩　**その逆は**⇩　税金を払っていない
借金をしていない⇩　**その逆は**⇩　借金をしている
借金をしている⇩　**その逆は**⇩　借金をしない
寄付をしていない⇩　**その逆は**⇩　寄付をしている
定職についている⇩　**その逆は**⇩　定職についていない
一所懸命働いている⇩　**その逆は**⇩　一所懸命働いていない

ロバートが書いている文字を見ながら自分自身に爆笑してしまいました。

そして、一瞬にして気づきました。うまくいっていないのに、**〈同じガラス窓にぶつかり続けるハエ〉**になっていたことを。

僕はその当時、一所懸命働いてしまう（ワーカホリック）傾向がありました。人から頼まれるとどうしても「No」と言えなくて、自分で自分の首を絞めてしまうところがあったのです。

結局、お金にはなるのですが（労働賃金ですから）、自分の時間を切り売りするため、自分のライフスタイルのバランスが保てず、その当時お付き合いしていたガールフレンドとの関係や自分の健康状態を悪くさせてしまっていました。

ですから、ロバートの方程式に従うと、こういうことになります。

「No」と言わない自分⇩　**その逆は⇩**　「No」と言う自分

いやあ、なんて簡単なことだったのでしょう！

実際、このときから僕は「No」と言う自分を作り出しました。

笑ってしまうのですが、仕事が欲しいときでも「No」という態度をたびたび取ったこともあるほどです。本当はよだれが出てしまうほど仕事が欲しいのですが、心の中で自分に「ノー！」と叫び、丁重にお断りするのです。

そのとき、必ず理由を自分自身に言い聞かせます。

例えば、講演を頼まれたとします。とても素晴らしい条件です。ですが、スケジュール的に相当ハードになってしまうことが予想される状況だとします。僕はこう自分に言い聞かせるのです。

「体が健康であっての自分だ。健康を損ねてまで仕事をして、お客さんに満足してもらえないパフォーマンスをしたって意味がないじゃないか。今回は気持ちよく断らせてもらおう。また次回、最高の仕事をすればいいじゃないか！」

すると、どうでしょう！　なぜだか分かりませんが、ほとんど必ずといっていいほど、それよりも素晴らしい条件の仕事がやってきたりするのです。


是非あなたも実践してみてください。

うまくいっていないと感じたら、180度まったく逆のことをしてみればいいのです。

後ほどジョン・グレイ博士の章でも触れますが、恋愛に関しても同じです。

異性を追っかけてうまくいかないのだったら、追っかけられるようにすればいいのです。

追っかけられてうまくいかないのだったら、追っかければいいんです。

健康に関してもそうです。

牛乳を飲んでお腹をこわしてしまうと気づいていれば（実際僕はそうでした）、ありとあらゆる乳製品を摂取するのを止めてみればいいのです。

同じことをやり続けて、「どうして良くならないんだろう？」と自問していること自体がナンセンスなのです。

さあ、あなたのうまくいっていないことは何でしょう？

クレジットカードを頻繁に使い、毎日のようにコーヒーやタバコを消費し、夜な夜な飲み屋でドンちゃん騒ぎをし、ブランド品や高級車などを購入し、「どうしてお金が貯まらないんだろう？」なんて言っていませんか？

そうです！　うまくいっていないと感じたら、思い切って１８０度逆のことをしてみましょう！

僕はここで〈**気づき**〉ました。

うまくいっていないと感じたら、同じ窓にぶつかり続けるハエにはならない。自分では「まさか、そんなはずはないだろう」と思うようなことでも、

180度まったく逆のことを最低一回は試してみる。
つまり、
うまくいっていないときには、
まったく逆のことをしてみる。
そうすれば、必ず「結果」が僕に教えてくれる。

▼ 1日1億円の不労所得!? 真の富豪とはどういう人間か ▲

初めて参加したホノルルのセミナーでもそうでしたが、ロバート・キヨサキは〈**Wealthy**《ウェルシー》（**豊かな**）〉と〈**Rich**《リッチ》（**金持ちな**）〉という言葉の意味の違いにこだわりを持っていました。

あなたは、この違いがお分かりになりますか？

例を一つ挙げましょう。

年末ジャンボ宝くじなどで1億円以上当たった人の70％が3年以内に破産宣告をする、という統計が出ています。これはいったい何を意味すると思いますか？

宝くじに当たって1億円を手にした人は「Rich」でしょうか？　もちろん、リッチです。現にそれだけのお金を持っていますし、何と言ったって「億万長者」であることには変わりありません。

しかしながら、その人は「Wealthy」か？　と質問されると、正直、「?・」となります。もしその人が3年以内に破産するようなら答えはノーであり、お金を持っていても結局、「豊かな」人間ではないということになります。

ロバートが言う「豊かな」人間というのはいったいどのような人間なのでしょうか？

彼が言うには、「全財産を失っても、5年以内にそれ以上の財産を築き上げることのできる」能力を持ち、自分のアイディアと行動で無限の富をいつでも作り出せる人間である、ということです。

つまりは、「お金持ち」な人間は貧乏になることがありますが、「豊かな」人間は貧乏になることはない、ということが分かります。

真の豊かさを享受できるのはどんな人か

ロバートはまた、「豊かさ」を時間で計ることをよくします。

彼に言わせると、ある人の「豊かさ」とは、〈**仕事をしなくてもどれだけの間どれくらいのレベルで生活していけるか**〉なのです。

具体例を使って説明してみましょう。

Aさんは、預金1000万円、月給は手取りで100万円、不労所得なし、月に掛かるコスト（家賃、ローン、生活費など）は100万円で暮らしています。

Bさんは、預金500万円、月給は手取りで50万円、不労所得はなし、月に掛かるコストは25万円で暮らしています。

Cさんは、預金200万円、月給はなし（仕事をしていないので）、不労所得（不動産や株券、債券などの収入で月約50万円）、月に掛かるコストは50万円で暮らしています。

さあ、誰が一番、**〈豊かさを享受している人〉**でしょうか？

一緒に考えてみましょう。

時間で考えてみればいいのです。

Aさんがもし仕事を辞めたとすると、何カ月、何年生活していけますか？

そう、**〈10カ月〉**です。

Bさんは？

〈20カ月〉です。

さて、Cさんは？

もうお分かりですね。

〈半永久的〉、です。

仕事をしていない月給ゼロのCさんが一番「豊か」だということになり、月給で100万円も稼いでいるAさんが一番「豊か」ではない、ということになります。

給料の良い仕事をしているかどうか、または安定している（と錯覚している）一流企業に勤めているかどうかなどは真の「豊かさ」とはまったく関係ないことに気づくはずです。

1日1億円!! 羨望のキヨサキ流キャッシュフロー術

ロバートは、彼のセミナーで〈**キャッシュフロー**〉の重要性を繰り返し口にします。

「どれだけ稼ぐかが重要ではなくて、どれだけキャッシュフローを生み続けられるかが重要なんだ」と。

まずは、〈**キャッシュアウト（支出）**〉より〈**キャッシュイン（収入）**〉をより多くすることを実現し、そのうえ自分が動かなくても（働かなくても）入ってくるキャッシュイン（不労所得や権利収入）を増やしていくことが戦略になるのです。

ロバート・キヨサキの知識や智恵を惜しみなく伝授するセミナーはこの点が醍醐味であり、このコンセプトを理解できないとまったく意味のない勉強会になってしまいます。

残念ながら、彼はもうセミナー・ビジネスをリタイアしてしまいましたので、もう彼のセミナーに参加することはほぼ不可能です（彼が復活しなければ）。

しかし、彼のエッセンスを、読者の皆さんに今ここでお伝えすることは可能です。

その一部をご紹介しましょう。

２００３年のセミナーで、彼がこう言っていたのを思い出します。

「皆さん、今わたしはどれだけ不労所得を稼いでいると思いますか？」

セミナーに参加されていた受講生は口々に、「1カ月１００万ドル（約1億円）！」とか「一日5万ドル（５００万円）！」とレスポンスしていました。

経済的に豊かになりたいのであれば

するとロバートはくすくす笑いながら、「すべてはずれです。今現在、2～3日で100万ドル（1億円）の不労所得を達成しています。それらは、リッチ・ダッド・プロダクト（キャッシュフロー・ゲームや『金持ち父さん』シリーズの本などの印税）、セミナーCDやビデオ、不動産、ペーパーアセット（株券や債券など）などの収益が含まれます。そして、来年には1日100万ドルが達成される見通しです」

1日1億円！

それも、まったく働かずに!?

そして、ロバートはこう続けます。

「この計画には、その数字が達成される根拠があります。すでに明確にイメージできているのです」

彼はその後、どうしてこの数字が達成できるのかをセミナー受講者に詳しく説明しました。

実は、僕もそのアイディアを真似させてもらって、より多くの富が僕のポケットに流れ込んでくるシステムを実践しつづけています。

とてもシンプルなアイディアです。

僕はここで〈**気づき**〉ました。

キャッシュフローを理解し、意識することだ。
毎月のキャッシュフローをちゃんと計算し、
今後どれくらいのキャッシュフローを生み出したいのかを
きちんと紙に書いて計画する。
そして、
労働収入よりも権利収入や不労所得により焦点を置いて、
自分が動かなくても勝手に富が増え続けてくれる
システムをより多く所有することだ。

▼こんなに稼いで税金ゼロだなんて!!　チーム・プレイが巨富を生む理由▲

ロバート・キヨサキがセールスとマーケティングのエキスパートであることは説明しましたが、実は、彼にはまだまだ特殊な能力があります。

そのなかでも特に素晴らしいのが〈**コミュニケーション能力**〉です。

彼が『金持ち父さん』シリーズであっという間に巨万の富を築き上げたのは誰の目にも明白ですが、どうやって短期間であのような大成功を収めたのでしょうか?

彼ひとりだけの力だったら、きっといまだに成功していなかったに違いありません。

彼は自分の成功を加速させるために、チームを形成したのです。彼は彼より有能な各分野のエキスパートたちで周囲をかため、彼らを〈**Rich《リッチ》 Dad's《ダッズ》 Advisors《アドバイザーズ》**〉と位置づけます。ちなみに、彼らの著書もロバートの『金持ち父さん』シリーズの影響で全米ではベストセラーの常連になっています。まさに〈**Win《ウィン》・Win《ウィン》**〉の関係とはこのことで、チーム全体で稼ぎまくっているわけです。

事実、〈**ビジネスと投資はチーム・スポーツだ**〉とロバートは豪語します。

不動産に関しては妻のキムとアリゾナのケン・マクルロイ、株式や債券ビジネスはオーストラリア出身のデビッド・ノバック、セールスやビジネスはブレア・ジンガーとケリー・リッチー、そして税金対策はダイアン・ケネディという顔ぶれで、ロバートは彼らの〈**親分**〉といったところです。

ベトナム戦争で会得した修羅場のマネージメント学

面白い逸話があります。

ロバートのセミナーの進め方は〈**軍隊式**〉で有名です。彼が絶対的なルールなのです。

彼はセミナー中にトイレで退席する人や集合時間に遅刻する人から罰金を取ります。彼の命令は絶対です。よくセミナー中も顔を真っ赤に興奮して怒りだすのですが、それがとにかく物凄く怖いのです。

「僕はベトナムで戦争を体験した。戦場ではわずかなミスが死につながる。ビジネスでもそうだ。わずかな決断のミスが大きな災いをもたらす。

自分自身との決め事もそうだ。時間を守れないということは、自分をコントロールできないということだ。そんな人が成功して豊かな人間になれるはずがない。〈**自律**〉できる人とできない人との差は大きい。

悲しいことだが、世の中にはどうしても自律できない人たちがいる。残念だが、そういう人とは僕は一緒にビジネスをしたくない。お引き取り願おう。そういう人たちは失敗するために人生を生きているからだ。リーダーは時としてシビアな決断を迫られる。人が嫌がる仕事をしなければならない。時には人からも嫌われる。だが、僕は戦場で修羅場を見てきた。チーム全体を生かすためにリーダーは、一人の落伍者を見殺しにしなければならないときがある。僕はそれをしてきているだけだ。分かるだろ、この意味が！」

彼は、部下やチームのメンバーに厳しくあるために「まずは自分に厳しくあれ」ということを行動で示しているのです。笑ってしまいますが、本当にロバート・キヨサキは厳しいお父さんのような人物なので、チーム・メンバーも常に彼の顔色を伺いながらおどおどして行動しているのです。

前にも触れましたが、あの『セールス・ドッグ』の著者であるブレア・ジンガーまでもが、ロバートにびびりながらプレゼンテーションをしていたのです。打ち合わせでブレアが「そして、これはこうで……」と説明していると、「そんなことはどうでもいい。後回しにしろ！」と怒鳴られて、父親に叱られた子供のように口ごもり、肩を落として「それじゃあ……」とたどたどしく話す姿にはかなり笑えました。まさにロバートは親分です。

公認会計士の報酬はなんと数億円

このロバート・チームの一員であるＣＰＡ（米国公認会計士）のダイアン・ケネデ

ィという女性の話をしましょう。この愛想の良いマンモスのような女性に、僕はハワイで初めて会いました。朝早くから会場で待っていると、セミナー会場とスタッフ控室を行ったり来たりしている、身長よりも横幅の方が目立つこの女性を見かけたのです。のそっのそっと歩く姿は小結というよりは横綱級で、キラキラと輝く瞳と「痩せていたら超美人だろうなあ」という美形の顔が妙にアンバランスでした。

最初は、「いったいこの女性は何者なんだろう？　きっとがめついマネージャーか何かだな。そうじゃなかったら、あんなに太れるはずがない。きっと貪欲で何でも食べ尽くしてしまうバキュームカーのような人に違いない」なんて思っていたのですが、両国・国技館あたりのキング・サイズ専門店でも売っていないような色鮮やかな花柄のスーパー・キング・サイズ・ワンピースを着て、ロバートと一緒にステージに現われた姿を見てびっくりしてしまいました。

ロバート・キヨサキは彼女をこう紹介しました。

「彼女はとても優秀なCPAです。彼女のおかげで僕らのビジネスはとてもうまくいっています。彼女なしではこの成功は考えられません」

そして、やはりというか、彼女とロバートはあるセミナーで隣同士に座り、意気投合したという話です。ここにも〈**億万長者の席**〉伝説は当てはまるところがあり、あなたもセミナーでロバートのような人間と出会い、チームを組んで大成功する可能性が大いにある、という話なのです。

納税ゼロは「金持ちの抜け穴」の威力

つづいてロバートは、あるお得意のフレーズを持ち出しました。

「貧乏父さんは〈**何を知っているかが重要だよ**〉ってよく言っていたが、金持ち父さんは〈**金持ちになりたかったら、君が何を知っているかより、誰を知っているかが重要だ**〉ってよく言ってたものだ。そして、僕はダイアンを知っているってことなんだ」

そう言うと、ロバートはガマ蛙のようにゲラゲラ笑いました。

そして、彼はこう続けます。

「僕はダイアンと出会ったおかげで、素晴らしい恩恵を受けている。今日は皆さんにこのコンセプトを紹介したい。ええっと、僕はダイアンに何百万ドルもの報酬を払っている。ねえダイアン、そうだよね？」

「ええ、そうよ」

「どうして僕がそんな大金をダイアンに提供しているかというと、ダイアンはそれ以上の仕事を僕らのためにしてくれているからなんだ」

「まぁロバート、ありがとう！」。あまりにも太ってしまって顔まで手が届かないような太い腕を精一杯伸ばして口を押させて喜ぶ彼女。

「さあ、ここで皆さんに質問しよう。先ほど2、3日で100万ドルの所得が僕のポケットに入ってくると言いました。それではいったい、僕はどれくらい税金を納めていると思いますか？」

会場は一気にシーンとなりました。

500万ドル、2000万ドル、5000万ドルと声が飛んだ後、ロバートはダイアンに「じゃあダイアン、教えてくれる？」と訊きました。

まわしこそ叩きませんでしたが、勝ち誇った力士のように彼女は言いました。

「ゼロよ」

ゼロ？？？？？

何にも払ってないってことですか？

「そう、ゼロだ。僕は去年アメリカ連邦政府や州に一切タックスを払っていない。それも〈**合法的**〉にね。すべてダイアンのおかげさ。だから僕は彼女に高額な報酬を提供する。実にシンプルだ」

彼らはこの後、どのようにして税法の穴をくぐり抜けているのかを説明しました。

そのダイアンのアイディアは恐ろしく素晴らしいものでした。驚愕です。ちなみに、彼女も『Loopholes of the Rich（金持ちの抜け穴）』という本を書いていて、会計士やビジネスに関わる人には参考になる内容ですので、是非お読みになってみてください。

おっと、ロバートが言っていたことを忘れずに肝に銘じておくべきでした。

「自分がすべてを知っていなくてもいい。各分野で最高のエキスパートたちを知っているだけでいい」でしたね。
僕はここで〈**気づき**〉ました。

大事なのは人脈であり、
ビジネスや投資で成功するためには
チーム・プレイヤーになることだ。
信用、そして、信頼できる仲間を持つことが大事だ。
全部のことをすべて自分で行なうのは不可能だし、
すべて自分の力でやる必要はないのだ。

第2章

アンソニー・ロビンスの教え 僕の気づき

アンソニー・ロビンズ

多くの人々が認める世界No.1コーチ。カリフォルニア州生まれ。貧困な家庭環境のため大学進学を断念、ビル清掃のアルバイトをしながら17歳から19歳にかけて約700冊もの成功哲学や心理学に関する本を読破し、さまざまな講演やセミナーに参加、その後膨大に蓄積した知識と経験を生かした独自のスタイルのライブ・セミナーを展開し、24歳の若さで億万長者となる。2メートルを超える長身からダイナミックに繰り出されるアクションで参加者を魅了する彼のセミナーは、25年以上に渡り何千万もの世界中の人々に影響を与え続けている。感情、健康、人間関係、ビジネスや経済、タイム・マネージメントのスキル・アップを提供するオーディオ学習システムは現在3500万セット以上の世界的セールスを記録している。ビル・クリントン前大統領、故ロナルド・レーガン元大統領、投資家ジョージ・ソロス、クインシー・ジョーンズ、故ダイアナ元妃、テニス・プレイヤーのアンドレ・アガシなど、教えを受けてきた世界的リーダーは多数。

www.anthonyrobbins.com（英語のみ）

▼常に笑っていたい、幸せな感情でいたい、トニーの笑顔の秘密▲

アンソニー・ロビンズ（通称トニー）に会ったことがある方ならば、彼の笑顔の素晴らしさを体で感じているはずです。

かく言う僕もそのひとりです。彼の笑顔に隠された秘密を知ってから、自分もできるかぎり笑顔でいようと心掛けています。

あなたはいつも人に会うとき、笑顔で話しかけますか？　それとも仏頂面ですか？

初めて会うビジネス・パートナーや見知らぬ誰かに会うときはどうでしょうか？

パーティなどで会う、心を惹《ひ》かれる異性に対してはどうでしょうか？

「いや、あまり意識したことがないなあ」、そう思われるかもしれません。

それでは今、例えば、あなたが電車の中にいるとします。あなたの周りにいる人たちの顔を眺めてください。どんな顔をしていますか？

疲れきった表情、イライラした表情、慌てている表情、困り果てている表情、愛に満ちた表情、そして嬉しそうな表情など、さまざまな顔を観察できるでしょう。

それでは、ここで再び質問です。

彼らは偶然に、〈**その表情を作っている**〉と思いますか？

感情は体の動きからやって来る!!

世界最高のピーク・パフォーマンス・コーチであるアンソニー・ロビンズを初めて知ったのは、ロサンゼルスで見た彼のインフォマーシャルでした。

ある晩、深夜11時半頃のことです。30分間ほどの番組だったのですが、彼の有名なオーディオ・プログラムである『パーソナル・パワー』や『ゲット・ザ・エッジ』のCDやテープの販売宣伝を見ました。

テレビ画面のアンソニー・ロビンズは背が高く、生き生きとして、笑顔がチャーミングで、人生を楽しそうに生きているように見えました。周りの人々を心から愛していて、またその人々も彼のことを心から愛しているさまが伝わってきました。

それでもこのとき、僕はまだ、アンソニー・ロビンズの本当の〈**笑顔の秘密**〉を知る由もありませんでした。

僕は後日、アンソニー・ロビンズのオーディオ・プログラム『ゲット・ザ・エッジ』を購入し、『Unleash the Power Within（内なる力を解き放て）』というセミナーに参加するのですが、彼から僕の人生を劇的１８０度変えたコンセプトといいますか、スキルを教わります。

アンソニー・ロビンズはこうレクチャーします。

「感情は体の動きからやって来る。Emotion《エモーション》 comes《カムズ》 from《フロム》 motion《モーション》（motion〔体の動き〕にEを付けたらE-motion〔感情〕になる）」と。

彼の言っていることを、ここで分かりやすく説明してみましょう。


あなたは嬉しいと笑いますか？　そうですよね。

もし嬉しいのに、肩をすぼめて落ち込んでいたら異常です。

同じように、あなたが落ち込んでいるとします。

あなたの体の動きはどうなっていますか？

きっと肩は落ち、顔はうつむき、無意識に溜息をついているはずです。

もし落ち込んでいるのに、わっはっはっと大声で笑いながら胸を張って、「死にたい～♪」なんて言っている人がいたら、これもまた異常です。

その他の感情もすべて同じです。

さて、あなたは〈**落ち込むために肩をすぼめたり、溜息をつく技術**〉を誰かから教わったのでしょうか？

笑う動作も同じです。嬉しいときのために、顔の筋肉を使って〈**笑う練習**〉をしてきたのでしょうか？

答えは「ノー」だと思います。

あなたはすべてそういった行為を自然にしてきたはずです。

そうですよね？

では、ここで実際に試していただきたい実験があります。

もしも「嬉しいから笑う」のではなく、「笑う（という行為をする）から嬉しい」のだとしたら、あなたの人生にどのような影響を及ぼすでしょうか？

今ここで、実際に笑顔を作ってみてください。満面の笑顔です。大声で笑い袋のように笑ってみてください。

どうですか？　どのような感情になりましたか？

それでは逆に、「イライラするから怖い顔になる」のではなく「怖い顔をするからイライラする」というのはどうでしょうか？

やはり今、実際に怖い顔をしてみてください。鏡に向かって、これ以上はないという怖い顔を作ってみてください。

さて、どのような感情になりましたか？

緊張している表情、興奮している表情、不安な表情、エクスタシーを感じている表情などを実際に今、作ってみてください。

きっとあなたは、思いのままにそれらの感情を感じることができるはずです。

「体の動き」や習慣的な「筋肉の使い方」はその人の感情に密接に関わっています。

あなたが作り出している表情や体の雰囲気は、生まれついてのものではありません。

「君は本当につまらなそうな顔をしているね」

「僕は生まれつきこういう顔なんです」

このような会話を聞いたことがありませんか？

今ではこんなやりとりを聞くと僕は苦笑してしまうのですが、**〈つまらない表情〉**を生まれつきしている彼は、つまらない感情を長年に渡って感じて生きている、というわけです。

アンソニー・ロビンズは言います。

「人間の顔には80以上の筋肉があって、何億個以上もの脳神経細胞と密接につながっている。その筋肉をダイナミックに使えば使うほど人間は豊かな感情を感じることができる。逆に言えば、顔の筋肉を使わない、表情があまり変わらない人間は感情をあまり感じることができない。ここで大事なことを言おう。人間の顔の表情というのは、その人の感情を映し出している。これは誰にもごまかせない事実なのだ」と。

〈外に向かう幸せ〉こそが重要なんだ!!

あなたは顔の表情をコロコロと変える人でしょうか？

もしそうだとすれば、きっと感情が豊かな人のはずです。

逆に、あまり顔の表情や体をダイナミックに使わない人であれば、感情の起伏が小さく、落ち着いているはずです。

あなたの周りにいる人たちの表情と感情レベルを観察してみてください。

きっと興味深い事実を発見できるはずです。

面白い例があります。

映画俳優を観察してみてください。

僕の好きな俳優にハンフリー・ボガートとブルース・リーがいますが、彼らは好対照です。ハンフリー・ボガートは映画『カサブランカ』で、ほとんど表情を変えずに苦悩するニヒルな二枚目を演じています。あの彼の表情が、彼の感じている〈**感情**〉です。

ブルース・リーを考えてみましょう。彼の名作『ドラゴン怒りの鉄拳』では、彼の表情はまるでカメレオンのように千変万化しています。凄まじい〈**感情レベル**〉です。この映画でのブルースの感情を感じたければ、彼の表情、彼の体の動き、彼の声の出し方を真似してみれば、彼がどんなふうに感じていたかを実際に体験することができます。


さて、冒頭であなたに投げかけた質問に戻りましょう。

「あなたはいつも人に会うとき、笑顔で話しかけますか？　それとも仏頂面ですか？」

と僕は質問しました。

この質問をこう変えてみるといかがでしょうか？

「あなたはいつも人に会うとき、嬉しい感情でいたいですか？　それとも、つまらない感情でいたいですか？」

アンソニー・ロビンズの笑顔の秘密は、まず最初に、自分がハッピーな感情を感じていたいからです。

常に幸せな感情を感じていたい、だから常に笑っていたいのです。

そして、彼はこうも言います。

「〈**内にある幸せ**〉と〈**外に向かっていく幸せ**〉は決定的に違う。外に向かって幸せな感情を発することのできる人間はその存在によって、周りにいる人々を幸せな感情にすることができる。つまり、その存在によってだけでも、周りにいる人々に貢献することができるのだ」と。

さらに、彼はこう続けます。

「私たちはどんなに高価な物や素晴らしい品を手に入れても、それだけでは決して幸せな人間になれないことを知っている。〈**どんな人間になるか**〉が我々の幸福を決定しているのだ。これを理解している者のみが真の人生の喜びを感じられるのだ」

僕はここで〈**気づき**〉ました。

感情は自分の表情や体の動かし方で

コントロールすることができる。
僕はより幸せな感情を感じていたいので、
その感情が得られるような表情でいよう。
その感情が得られるような
ダイナミックな体の使い方をしよう。
そして、
自分の表情から周りの人々へ
幸せが広がっていくような空気を作り出そう。
そんな人間になることによって、
ますます自分のことを好きになっていこう。

▼あなたが真に求めるもの、それは「感情」▲

あなたが本当に欲しいものは何ですか？

あなたが本当に〈**あなたの人生**〉に求めているものは何ですか？

真剣に考えてみてください。

お金、仕事でのキャリア、名声、権力、素晴らしい家庭や恋愛関係、健康、時間など、いろいろなものが思いつくと思います。

しかし、ここでもう一歩突っ込んで考えてみましょう。

あなたが本当に欲しいものは〈**お金**〉や〈**美人の奥様**〉もしくは〈**素敵な旦那様**〉でしょうか？

「もちろんそうに決まっているじゃないか！」という声が聞こえてきそうです。

しかし、世の中には、いくらお金を持っていても幸せには生きていない人がいます。

いくら美人の奥さんと一緒にいても幸福に暮らしていない人もいます。

どんなに名声があっても権力があっても不幸な人々がいます。

もう一度質問します。

あなたの本当に欲しいもの、そして必要としているものは何ですか？

その答えは〈**感情**〉です。

あなたが本当に欲しいのは、素晴らしい感情、最高の感情です。

お金が欲しいのではなく、お金で得ることのできるサービス、体験、経験、その他もろもろを通じて感じられる〈**感情**〉が欲しいのです。

素晴らしい高級車が欲しいとしましょうか。

あなたはその〈**高級車自体**〉が欲しいのですか？　それともその高級車を所有して得られる優越感（自分が特別だと感じられる感情を含む）、満足感、充実感、達成感などの〈**感情**〉が欲しいのでしょうか？

最高の恋人が欲しいとあなたは思っているはずです。

あなたはその〈**恋人自体**〉を欲しいと思っているのでしょうか？

もうお分かりですね。

違います、その恋人と一緒にいて感じられる愛の感情、ときめく感じ、天に昇るようなエクスタシー、安心感、一体感、ワクワク感、興奮感、そして、ロマンティックな〈**エモーション**〉が欲しいのです。

アンソニー・ロビンズは言います。

〈**その人の人生の質は、その人の感情の質である**〉と。

僕はこの言葉を聞いたとき、尊敬している恩師の言葉を思い出しました。

「好きなこと、楽しいことをして生きなさい。どんなにお金が儲かるからといっても、決して自分の嫌いなこと、したくないことをしてはいけないよ」

僕はこの恩師の〈**人生の法則**〉をきちんと守りながら今を生きています。

なぜならば、アンソニー・ロビンズの言うように人生の質は感情の質であり、自分の人生のなかでどれだけポジティブな感情を長く感じ、どれだけネガティブな感情を短くさせられるかが、自分の人生を〈**最高傑作**〉にさせるか、それとも〈**最悪な駄作**〉にさせるかの決め手になるからです。

例を挙げて考えてみましょう。

ある億万長者がいたとします。彼には名誉も権力も、もちろん富もありましたが、好きな仕事もできないまま人生の大半を生きてきました。毎日毎日彼がしてきたことは、望んでもいないお金を稼ぐためだけの仕事でした。どうして彼がその仕事をしてきたかというと、彼はその仕事が〈**得意**〉だったからです。

彼はその仕事が得意でしたが、仕事中はストレスと苦痛の連続でした。しかし、彼は家族のためを思い、そして、自分の名誉と権力を守るためにその嫌なライフスタイルを続けました。

やがて彼は、あまりの仕事の忙しさに家族との時間を忘れ、ひとりぼっちになってしまったこと、そして誰も自分のことを愛してくれていないことに気がつきました。

彼は失意のどん底で自分の人生の価値を探そうとしましたが、何も発見できませんでした。

その億万長者とは逆に、売れない場末のジャズ・ピアニストがいたとします。

裕福な暮らしは望めませんでしたが、彼は毎晩自分の音楽を演奏できることに大きな喜びを感じていました。名誉も権力も富もありませんでしたが、自分の好きな音楽を演奏し続ける喜びと誇りがありました。仕事はもっぱら夜だったので、昼間は好きなだけ家族との時間を満喫できました。彼は妻と子供たちを愛していましたし、妻と子供たちも彼のことを心から愛していました。彼は自分の仕事と人生に喜びを感じていました。

そして、自分の愛する人々が側にいること、自分を愛してくれる人々が側にいることに心から感謝していました。

あなたの人生は億万長者とピアニスト、どちらの人生に近いですか？

あなただったら、どちらの人生を選びますか？

人生の質はこうすれば向上する

ステージ上のアンソニー・ロビンズはエンターテイナーです。

彼のセミナーはさながらロック・コンサートのようです。バスケットボールやテニスの国際試合ができるような巨大な会場で開催され、平均３０００人から５０００人、多いときには8000人の参加者で賑わいます。

大音量のダンス・ミュージックや派手な照明でまるでお祭りのような騒ぎのなか、アンソニー・ロビンズが舞台に登場します。

ダイナミックに体を使い、踊り、飛び跳ね、歌を唄い、ジョークを言い、お客を喜ばせ、スタッフを喜ばせ、そして自分をも喜ばせ、楽しませるのです。

僕は日本人で、彼のようなエンターティナー系スピーカーを見たことがありません。確かに日本人でも素晴らしく価値のある内容を話すスピーカーは少なくないのですが、聴いている時間がたまらなく苦痛なのです。躍動感もなく、気の利いた冗談の一つもなくただ単調に進んでいく構成は、動かないように椅子に縛りつけられるだけの、さながら拷問のようです。

どんなに素晴らしい内容の講演やセミナーであっても、その時間がつまらなく退屈なものであれば、聴きに来ている人々の人生の質を低下させるだけです。

もちろん、そのスピーカー自身の人生の質も同時に低下します。

よく結婚式やスポーツ大会（甲子園の高校野球開会式などは特に）で最悪につまらない退屈な話を延々とする化石のようなスピーカーがいますが、聴いている人々の貴重な時間や人生の質について、自分がどう貢献できるかを考えるべきです。

つまらないプレゼンテーションをする人々のほとんどが、自分勝手な見解や建前だけで行動していることに気がつきます。

そういった罠にはまらないよう、あなたは自分の人生の質を尊重し、他人の人生の質を向上させることのできるような行動とライフスタイルを築き上げましょう。

そして、アンソニー・ロビンズのように、自分自身が自分の人生を最高にエンジョイさせることのできるエンターティナーな自分になっていきましょう。

僕はここで〈**気づき**〉ました。

自分の人生の質は、自分の感情の質である。
自分の人生を最高の傑作にさせたいのであれば、
自分の人生のほとんどを
ポジティブな感情で埋め尽くしていこう。
ネガティブな感情を限りなく排除していこう。
そして、僕は僕の周りにいる人たちの人生を
向上させることのできる
エンターティナーであると同時に、
自分自身の人生を最高傑作にさせる
アーティストでもあるのだ。

▼不可能に挑戦する心！あなたは火の上を歩けますか？▲

アンソニー・ロビンズのセミナーと言えば有名なのが〈**ファイアー・ウォーク（火渡り）**〉です。

あなたは「火の上を歩く」と聞いて何を想像しますか？

「怖い」とか「火傷するのではないか」とか、基本的には〈**恐ろしく難題**〉のように思えるはずです。

事実、僕はアンソニー・ロビンズの〈**ファイアー・ウォーク**〉の噂を聞いて轟々と燃えさかる炎をイメージし、「そんなのは自殺行為だ。クレイジーだ。不可能に決まっている」と、勝手に自分で決めつけていました。

あなたもひょっとしたらそう思ったかもしれません。

不可能だ、と。

実は、これがアンソニー・ロビンズの狙いなのです。

あなたがこの「火の上を歩く」という行為を不可能だと思えば思うほど、彼にとっては好都合だというわけです。

なぜならば、この〈**ファイアー・ウォーク**〉というセッションは、あなたにとって今まで「不可能なことに思ってきたこと」の〈**比喩**〉だからです。

彼女に愛を伝えたいのだけれど、断られることを想像すると怖くてできない。

会社を辞めたいのだけれど、今後の生活のことを考えると恐ろしくてできない。

減量をしたいのだけれど、食生活やライフスタイルが変わる苦痛を考えるとぐずぐずして行動に移せない。

あなたにとって、本当はそうしたいと思っていながら不可能に思えて一歩先に進めない、そんな状況を打破し、あなたの求める理想の運命に近づけさせるスキルを提供するのが、このファイアー・ウォーク・セッションなのです。

彼の代名詞とも言えるこのファイアー・ウォークですが、彼の数あるセミナーでも入門的位置付けの「Unleash the Power Within（内なる力を解き放て）」というセミナーの第一日目で体験することができます。

このセミナー自体は金曜日のお昼から始まり、翌週の月曜日まで4日間続きます。ファイアー・ウォークはその初日の深夜ちょっと前に行なわれる行事です。

さて、このファイアー・ウォーク・セッションですが、いったい何をするのかと言いますと……それは是非、あなた自身がこのセミナーに参加して、ご自分でその光景を脳裏に焼き付けてみてください。これをバラしてしまったら、アンソニー・ロビンズに対して申し訳ないですし、ましてやあなたに対しても申し訳ないので、種明かしはしません。

もし英語をまだマスターされてないのでしたら、「このセミナーに参加する」というのをモティベーションにして英語の勉強をなさるのも手です。

ただ、まったく話さないというのはあまりにも興ざめですので、ここでは少しだけポイントを説明しておきましょう。

自分が「不可能に思ってきたこと」を**〈可能〉**にさせるためには、人間の五感のうち三感の使い方を効果的に変化させる必要があるとアンソニー・ロビンズは説明します。

それらは、視覚、聴覚、そして（肉体的）感覚（英語では**〈フィジオロジー（体の使い方）〉**という）です。

そのなかの一つ、視覚についてだけここでお話ししましょう。

達成や成功に焦点を合わせよう

アンソニー・ロビンズはこう言います。

〈自分が怖いと思っているところに焦点（フォーカス）を当てるな、自分が行きたいところに焦点を当てろ〉と。

火の上を歩くコツは、火を見ないことです。

そうです、焦点を「自分が怖いと思っていること」に当てないことなのです。

僕はこのセミナーに6回ほど参加しているのですが、2回目のファイアー・ウォークに失敗した経験があります。頭を下げ、視線を下げ、火を見つめたまま火の上を歩いたからです。その結果、歩くのが苦痛になるほどの火傷を負い、水ぶくれに苦しみました。

実は一回目のファイアー・ウォークがあまりにも簡単に成功できてしまったので、僕は「これではあまりにも意味がなく、あまりにもつまらない。恐怖を乗り越えてこそ真の成功だ」とアンソニー・ロビンズが説明したことを無視してしまったのです。

〈恐怖や不安とは真正面から向き合うな。焦点を達成の喜びや成功の満足感に当てろ〉

彼は繰り返しこう言っていたのです。

実にその通りの結果でした。

ここでの「火」という比喩は、あなたが不安や恐怖に思っていることです。

そこに焦点を当てれば、あなたは火の熱さを感じ、火傷します。

つまり、不安な気持ちで断られると思ってプロポーズすれば断られるし、生活ができなくなるかもしれないと恐怖に怯えながら会社を辞めればそうなってしまうということなのです。

あなたが本当に焦点を当てるべきところは、あなたが「欲しい結果」です。

それは、プロポーズした後の喜びの瞬間であり、会社を辞め自分がしたいことをしている充実感です。

本当に〈**求める結果**〉だけに焦点を当てながら、前進していくのです。決して不安や恐怖を見てはいけないのです。

歓喜の瞬間がやって来た!!

実際、こんなことがありました。

フロリダのオーランド(ディズニー・ワールドで有名な場所です)でのセミナーでは僕は金髪美人の女性とペアを組みました。ファイアー・ウォーク・セッションはお互いを励まし合うために、ペアになるのです。「君ならできるよ」とか「あなたはきっと成功するわ」なんてお互いを激励し合うわけです。

僕の席のすぐ近くに、アメリカ人にしては小柄で、清楚な感じのする、そして控えめなブロンドの女性がいました。僕は彼女に近づき、「ペアを組みましょう」とアプローチしました。もちろん答えはOKで、彼女と僕はお互いの身の上話をしました。

彼女は見たところ20代後半ぐらいだったのですが、服装が地味で、何か人生に疲れきっていて、ともすると40歳ぐらいに見えました。話を聞いてみると、彼女は最近離婚をし、二人の子供の子育てに頭を悩ませているとのことでした。そして、このファイアー・ウォーク・セッションを怖がっていました。「自分にはできそうにない」としきりに言うのです。

僕は「できますよ、きっとできます！　僕がついていますから、きっとできます」と彼女の肩を抱き、励ましました。

「僕はアンソニー・ロビンズの同時通訳をやることになったんです。でも今は自信がなくて……ですから、自信をつけたくて日本からはるばるフロリダまでやって来たのです。このファイアー・ウォークは、アンソニー・ロビンズの同時通訳だって僕はできるんだ！　って、気合を込めて、魂を込めて、不可能の壁をぶち壊そうと思っているんです。きっとあなただって、子育ての悩みや離婚の苦しみを乗り越えられるはずです。一緒にやりましょう！　そして、一緒にお祝いしましょう！」と僕は彼女の頬にキスをしました。

「ええ、やるわ。それにしても、わたし、あなたとペアを組めて光栄だわ。トニー・ロビンズの同時通訳なんて凄いわ」

そう言うと、彼女は満面の笑みを浮かべました。

そして、彼女と僕はファイアー・ウォークを見事に成功させ、二人で抱きしめ合ってジャンプしながらお祝いしました。

二人が焦点を合わせたのは、恐怖や不安ではなく、お互いの成功を励まし、サポートし合い、そして成功した後の〈**歓喜の瞬間**〉だったのです。

僕が見ていたものは〈**火**〉ではなく、彼女の〈**喜びの笑顔**〉だったのです。

僕はここで〈**気づき**〉ました。

僕が望んでいない不安や恐怖に焦点を当てるのではなく、
僕が欲しいと思っている結果だけに
焦点を当てて前進していこう。
望んでいないことで頭が一杯になると、
結果的にネガティブなことに焦点が当たってしまい、
自分が欲しくない結果を手に入れてしまうことになる。
僕は常に欲しい結果だけに焦点を当てる生き方をする。

▼トニーが最も重要視しているスキル、〈ピーク・ステート〉とは何か▲

アンソニー・ロビンズのセミナーは4日間もの長時間にわたるので、すべてのスキルをマスターして帰るのは至難の業です。事実、僕は今までに6回も彼のセミナーを受講していますが、いまだに覚えていない、理解できていない、マスターしていないスキルがたくさんあります。

数あるアンソニー・ロビンズが提供するスキルのなかに、**〈ピーク・ステートをつくる〉**というものがあります。

このピーク・ステートとはいったい何なのでしょうか？

「ピーク」とは「頂点」とか「最高の」という意味です。

「ステート」というのは、アメリカ合衆国の「州」という意味の「ステート」ではなく、ここでの意味は「状態」、つまりは「体の状態」を意味しています。

ピーク・ステートというのは**〈最高の（頂点の）体の状態〉**のことです。

アンソニー・ロビンズはよくこう言います。

「この4日間で君たちはいろいろなことを学んで、そしてそのほとんどを忘れていく。

そうじゃない？　ははは。でも、どんなにたくさんのことを忘れても、この一つのコンセプトだけは覚えて帰ってほしい。それは、最高のパフォーマンスをしたいのであれば、いつも必ず君自身の〈**ピーク・ステート**〉をつくれってことなんだ」

彼はこう続けます。

「浮き輪を想像してほしい。その浮き輪を最高の状態で使いたかったら何をするかな？　そう、〈**空気を入れる**〉よね。ポンプで、バフバフ入れる。パンパンに膨れ上がった最高の状態の浮き輪は人がしがみついても沈まない。逆に空気の入っていない浮き輪はどうだろう？　まったく違った結果になることは明らかだ。同じ浮き輪なのに、だよ。〈**ピーク・ステート**〉をつくるっていうのは、この浮き輪に空気を入れる作業に似たようなものなんだ。君が最高のパフォーマンスをするために、事前に〈**空気を入れる**〉作業なんだ。同じ君なのに、〈**ピーク・ステート**〉になれるかなれないかで、空気の入っている浮き輪になって浮かぶか、しぼんだままの浮き輪のままで海の底に沈むか、結果はまったく違うものになるんだ」

〈何をやっても成功する状態〉のつくり方

ここで論より証拠、実験をしてみましょう。

さあ、立ってください。

それではまず、〈**まったく自信がない体の状態**〉をつくってみましょう。

肩は落ち、胸の位置は下がり、呼吸は浅く、腰は引け、頭は下がり、伏し目がちな状態です。

どうですか？

自信がなくなりましたか？

きっと〈**何をやっても成功しない**〉ような状態のはずです。

つぎは反対に、〈**自信満々の体の状態**〉をつくり出してみましょう。

まず、胸を張ってください。そして深く深呼吸をして頭を上げる。力こぶしを握って、水平よりちょっと上をグッと力強く見つめる。

どうですか？

自信満々になれたのではないですか？

〈**何をやっても成功できそうな気がする**〉はずです。

アンソニー・ロビンズが主張しているのは、「どちらの〈**体の状態**〉で大事な仕事に立ち向かうのか」ということなのです。

試験の前。

面接の前。

大事な仕事の前。

ベッドで愛を育む前。

プロポーズの前。

いろいろなシチュエーション（状況）があると思います。その状況に応じて、その状況ごとの〈ピーク・ステート〉をつくり出すということなのです。

例えば、ビジネス交渉などの席で、「オレは自信満々だ！　胸を張れ！　グッと鋭い目つきだ！　オレが勝つ！」なんていうステートで初めて会うお客様と接したら、どうなるでしょう？

「なんて生意気な男だ。わたしを見下している。こんな人間とはビジネスをしない」と断られるかもしれません。

ですから、こういう場合は適度に胸を張って、肩を落ち着かせて、深呼吸し、鏡に向かって笑顔をつくってみるのです。

そして、「きっとうまくいく。自分は誰とでも仲良くなれる。自分には柔軟性がある」と自分自身に向かって微笑むのです。

愛する人とベッドに入る前もそうです。

どんなステートであなたはそういう状況を迎えていますか？

リラックスしたステートで「愛のプロセス」に入るのとガチガチに緊張したステートで入るのでは、パフォーマンスにも大きな差があることをあなたは知っているはずです。

ゴルフ、テニス、野球、スキーなどのスポーツを楽しんでいても、何をやってもうまくいくときがありませんか？

ショットを打てば、バーディーやイーグルは当たり前、ホールイン・ワンまで出てしまった。

サーブ、スマッシュ、ボレー、何でも決まってしまう。

打って、走って、投げて、今日の自分はまるでイチロー選手のようだ。

逆に、何をやってもうまくいかないときもありませんか？

「今日はツキがないなあ」と感じるほど駄目なときです。

これがステートの差です。

うまく行っているときのあなたは〈**ピーク・ステート**〉状態にいます。

逆に、何をやっても駄目なときのあなたは〈**プア（乏しい）・ステート**〉状態にいます。

このステートを意識的にコントロールするのが、アンソニー・ロビンズの真骨頂なのです。

音楽の力を借りるのも効果的

ステートの変え方を効果的に行なうには、〈**意識的な練習**〉と〈**健康状態の管理**〉が必要です。ステートを意識しながら日々を暮らすのです。結果的にそれが〈**習慣**〉になります。

健康状態は重大なポイントです。考えてもみてください。もしあなたがジャンプして「よし！　よし！」とステートを変えたくても、健康状態が悪かったとしたら、あなたの感情はどうなると思いますか？

そうです、健康の悪化はステートの悪化を招き、それに関わる感情とパフォーマンスの悪化をつくり出します。

もっとも簡単にステートの変化をつくり出せるのは〈**音楽**〉です。

アンソニー・ロビンズもセミナー参加者のステートを変化させるために、効果的に音楽を使っています。

想像してください。

車を運転しているときにアップテンポの曲が流れてきて「自分は無敵だ！」みたいな感じで、高速道路をビュンビュン飛ばした経験がありませんか？

逆に、これから戦いへ行こうとしているときに、『ジョーズ』のテーマ曲のような不気味な音楽が流れてきたらどうでしょうか？

ロマンティックな二人の時間に、「軍艦マーチ」のような勇ましい音楽が流れてきたらどうなりますか？

きっと、変な意味でハッスルしてしまうに違いありません。

これが音楽の持つ人間のステートを変化させる力です。

アンソニー・ロビンズがよく使う音楽として、ヴァンゲリスの「チャリオッツ・オブ・ファイアー」（映画『炎のランナー』のテーマソング）がありますが、この音楽を使うと、今まで死んでいたような人間が力強く生まれ変わったりします。

こういった自分のステートを変えてくれる音楽を日頃から探し、ここぞというときにその音楽の力で自分のステートをピークにもっていくのです。

僕はここで〈**気づき**〉ました。


パフォーマンスの良し悪しは、ステートによって決まる。

体の使い方をフルに利用して、自分をピーク・ステートにいつでももって行けるように心掛けよう。

人間は誰もが素晴らしい能力を持っている。

その能力を使えるか使えないかは、ピーク・ステートに鍵がある。

僕はピーク・パフォーマーであるために、ピーク・ステートの力を理解する。

▼人生の質はその人の持つ〈コミュニケーション能力〉の質▲

アンソニー・ロビンズは自分のセミナー『Unleash the Power Within』をよく、〈**コミュニケーション・スキル・セミナー**〉と称します。

確かにそうです。セミナーはただ講義を聴いているだけではなく、近くの席の人たちと議論したり、助け合ったりしながら進行していくからです。

ここではコミュニケーション能力に長《た》けている人とそうでない人の差が明確に出ますし、コミュニケーション能力が鍛えられていくのです。

それでは、コミュニケーション能力について考えてみましょう。

「コミュニケーション」という言葉を聞くと、「他人とのコミュニケーション」ばかりを想像してしまう方が多いと思いますが、アンソニー・ロビンズの言うコミュニケーション能力には二つの種類があります。

一つは今述べたように他人とのコミュニケーション能力、つまり〈**外向的なコミュニケーション能力**〉です。あなたが恋人や上司に何か頼み事をしたり、友人と仲良く付き合ったりする能力のことです。

もう一つは、自分とのコミュニケーション能力、つまり〈**内向的（内なる）コミュニケーション能力**〉です。そして、アンソニー・ロビンズはこの〈**自分とのコミュニケーション能力**〉をとても重要視します。

まずは自分自身とのコミュニケーションを考えよう

例を挙げて考えてみましょう。

前の項ではフロリダのセミナーで〈**ファイアー・ウォーク**〉を一緒に行なった女性の話をしました。小柄で金髪のとても美しい女性です。そして、僕が声を掛けたこともお話ししました。そうです、ここでのポイントは、「彼女が僕を選んだのではなく、僕が彼女を先に選んだ」のです。これが僕の〈**自分とのコミュニケーション**〉です。

それでは僕が行なった〈自分とのコミュニケーション〉を考えてみましょう。

僕はまず、一般席の3倍も高価なＶＩＰ席を購入しました。〈**億万長者の席**〉に座るためです。僕はその席を購入するために、自分自身に無意識に質問しています。「そのお金で他のこともできるんだぞ。それでもいいのか？　一般席だったら、おつりであれもこれも買えるぞ。それでもいいのか？」と。

僕の答えは「はい、それでいい。僕は限りなく前に座りたい。〈億万長者の席〉に座りたい」でした。「いや、もったいないから一般席にしよう」とは、内なる自分に言わなかったのです。そして僕は晴れて、彼女が近くに座ることになる〈億万長者の席〉に着くことになります。

セミナー中、僕は彼女を発見します。しかし、考えてみてください。僕の周りには、何百何千もの参加者がいたのです。偶然に彼女を発見したわけではありません。僕は無意識に自分自身にこう質問していたはずです。「僕は誰と一緒にファイアー・ウォーク・セッションを行なうべきだろうか？　誰と一緒にするのが一番素敵な思い出になるだろうか？」と。

そして僕は「彼女だったらいいんじゃないか？」という質問を内なる自分にしたのです。決して僕は「誰も僕の相手をしてくれないのではないか？　誰も日本人のこんな僕とペアを組んでくれないのではないか？」などとは、内なる自分に質問しなかったはずです。

そして、僕は彼女にアプローチします。僕が無意識に自分にした質問は「どういうふうに彼女に声を掛けようか？」であって、決して「あんな綺麗な人に声を掛けても相手にされないんじゃないか？」ではなかったはずです。

僕は彼女と目を合わせ、笑顔で微笑み、軽く胸を張り、明るいトーンで彼女にこう言いました。

「僕とペアを組みましょう」と。

決して、「誰か他にペアになる人は見つかりましたか？」などとは僕は言いません。

こんなことを相手に言ってしまったら、まるで「僕はあぶれ者なんです」と言っているようなものです。特にアメリカではそうです。

55%を支配する〈フィジオロジィ〉の重要性

さて、もう一度考えてみましょう。

彼女と目を合わせたのも、笑顔で微笑んだのも、軽く胸を張ったのも、明るいトーンで話しかけたのもすべて、僕が僕自身としたコミュニケーションです。

もし僕が彼女と目を合わせず、伏し目がちでモジモジしながら恥ずかしそうにアプローチしていたら……

もし僕が笑顔をつくらず、こわばった表情で目をギラギラさせながら彼女にアプローチしていたら……

もし僕が軽く胸を張って「大丈夫、安心して」という態度ではなく、肩と胸を落とし、自信なさそうに彼女にアプローチしていたら……

もし僕が明るいトーンで話しかけず、暗く沈んだ憂鬱そうな声のトーンで彼女に話しかけていたとしたら……

結果はまったく違うものになっていたはずです。

人間は常に自分がどういう振る舞いをするか、どういう態度で人に接するか、どういう言葉を使うか、どういうふうに生きていくかを意識的、無意識的に選んでいます。

アンソニー・ロビンズは常々こう説明します。

「人間のコミュニケーション全体の中で〈**言葉**〉そのものは7％の意味しか持たない。つまり、僕が『愛しているよ』と言ったとしても、それは7％の意味でしかない。残りの93％は、38％が言葉の〈**ボリュームとトーン**〉、そして、55％が〈**フィジオロジィ（体での表現）**〉なんだ」

分かりやすく説明しましょう。トニー・ロビンズが言っていることはこういうことです。

想像してください。

あなたに向かって、あなたの愛している人が「愛しているよ」または「愛しているわ」と言っているとしましょう。

これが〈**言葉**〉が持つ意味、コミュニケーションの7％です。

次に、言葉の〈**ボリュームとトーン**〉を想像してみてください。

もしその人が、大きな声で「愛している」と言っていたらどうですか？　そう、怒って叫んでいるような感じです。愛されているって感じられますか？

冗談っぽく、冷やかされているようなトーンで「愛している」って言われたら、どう感じますか？　愛されている感じがしますか？

しませんよね？

これが38％の、言葉の〈**ボリュームとトーン**〉です。

やさしく適度なボリューム、ロマンティックなトーンで「愛しているよ」って、特に女性の方なら男性から言われたいはずです。

そして、コミュニケーションの核になるのが〈**フィジオロジィ（体での表現）**〉です。

もう一度、「愛している」とロマンティックなトーンで言われている場面を想像してみてください。

しかし、相手はあなたに向かって30度斜めを向いて、ポケットに手を突っ込み、視線も合わせず、しかも5メートルも離れたところにいます。どんな感じがしますか？

逆に、相手があなたの瞳をウルウルさせながらジッと見つめ、あなたの肩を抱き、胸の鼓動を響かせながら、ロマンティックなトーンで、しかもやさしく包まれるような音量で「愛しているよ」ってコミュニケーションしたら、あなたはどう感じますか？

まったく違った印象になるはずです。

望む現実を招くコミュニケーション・パターン

読者のなかには、「それは英語での話でしょ？　日本語は違うよ。それに日本人とは文化そのものが違う」と単純に決めつけてしまう人がいるかもしれません。

そのような方は、こう考えてみるのがいいかもしれません。

〈**言葉を発していないときのコミュニケーションはどうなっているか？**〉

例えば、無言で握手をしたとしましょう。

やさしく握手したり、ぎゅっと握手したり、全然手を握らなかったり、嫌々ながら握手したりしたことはありませんか？

これはすべて、あなたが相手に対して行なったコミュニケーションです。

初めて会う人に、あなたはどんな表情で接しますか？　笑顔？　しかめっ面？　無表情？　緊張した面持ち？　挑発的な態度？　暖かく包み込むような眼差し？

相手は本能的にあなたのコミュニケーションを感知します。

それは当然です。55％は〈**フィジオロジィ**〉なのですから。

日本語だろうが英語だろうが、僕はこのトニー・ロビンズが言っている、言葉＝7％、言葉のボリュームとトーン＝38％、フィジオロジィ＝55％は、人間の普遍的なコミュニケーション数値として的確な数字だと思います。

いつも怒っているような音量とトーンで話している人を知りませんか？　かぼそい声で自信なさそうに話している人は？　やさしい声であたたかく話している人は？

そうです、すべてその人が行なっているコミュニケーションなのです。

お分かりいただけたでしょうか？

あなたは毎分毎秒、内向的、そして外向的にコミュニケーションを行なっているのです。

そして、そのあなたのコミュニケーション能力によって、自分自身が〈**望む現実**〉、または反対に〈**望まない現実**〉に、あなたの運命は向かっているのです。

是非一度、あなたのコミュニケーション能力を客観的に考えてみてください。そして、意識的にあなたのコミュニケーション・パターンを、あなたが〈望む現実〉になるようにコントロールしてみてはいかがでしょうか？

僕はここで〈**気づき**〉ました。


人生の質は、コミュニケーション能力に正比例する。

意識してコミュニケーション・パターンをコントロールしよう。

自分が欲しい結果を得られるようなコミュニケーションを心掛ける。

それは、自分に対するコミュニケーションと自分以外に対するコミュニケーションから成っている。

僕はそれを理解し、意識的に行動する。

大男もむせび泣く〈ディケンズ・プロセス〉

僕が初めてアンソニー・ロビンズの『Unleash the Power Within』セミナーを受講して最も衝撃を受けたのは〈**ディケンズ・プロセス**〉でした。

この〈**ディケンズ・プロセス**〉という命名は、名作『クリスマス・キャロル』の産みの親の文豪、チャールズ・ディケンズに由来しています。

100年以上も前に書かれたこの作品は何度も映画やミュージカル劇として公演されていますので、興味のある方はご覧になってください。

なかでも1970年のCBSフォックス製作のミュージカル映画は傑作中の傑作で、主人公を演じるアルバート・フィニーの演技が絶妙で、そのうえ、『スターウォーズエピソード4』でオビ・ワンを演じた名優アレック・ギネスの素晴らしい演技も堪能できます。

彼がはつらつとスクリーンのなかで歌を唄っているシーンは、スターウォーズでのオビ・ワン役しか彼を知らない僕にとって感動ものでした。ヨーダとシブい声で話す彼もグッドですが、明るい声で楽しく唄っている彼はもっとワンダフルです。

人間は一瞬で変われる、たった一晩で変われる

さて、話を〈**ディケンズ・プロセス**〉に戻しましょう。アンソニー・ロビンズがこの『クリスマス・キャロル』という物語からインスピレーションを受けたのは、主人公であるケチで思いやりのない主人公の老人スクルージがたった一晩で改心し、人格が別人になり、人生をやり直し始めるプロセスです。

ガチガチに頭の固い人間嫌いだったスクルージがどうしてたった一晩で改心し、多くの人々に愛を与える博愛者になれたのでしょうか？

もしあなたが物語を観たことがある、または内容を聞いたことがあるのならもう一度思い出してみてください。クリスマス・イブの夜、7年前に他界した旧友のマーレイと3人の幽霊が現われたはずです。地獄で苦しんでいるマーレイの亡霊はスクルージに「これから3人の幽霊が訪れる」と予告し、自分のように苦しみたくないなら「もっと思いやりのある人間になるように改心する」ように警告します。そして、午前1時に「過去の幽霊」、午前2時に「現在の幽霊」、午前3時に「未来の幽霊」がそれぞれ現われ、スクルージに耐え切れないほどの強烈な痛みを与えつけます。

特に「未来の幽霊」（死神）は、スクルージが改心しないのであれば未来は最悪なものになり、凍りつくような地獄の底で耐えられないほどの重い鎖につながれ、地獄の大王に仕えなければならないことを彼に悟らせます。「これは夢だ！　幻だ！」と

自分に言い聞かせていたスクルージですが、自分の最悪の未来を死神に見せつけられた後は、「これは夢じゃない！　改心しよう！　思いやりのある素晴らしい人間になるのだ」と劇的に自分を変えます。そうです、たった一晩で、です。

アンソニー・ロビンズも常々このことを言っています。

〈人間が変わるときは一瞬だ。決断の瞬間にその人の人生は変わる〉と、決断の力を力説しています。

しかしながら、ほんとんどの人間は変われません、というか、変わろうとしません。なぜならば〈**Limiting Beliefs（リミッティング・ビリーフス：自分で勝手に作った意味のない悪い思い込み）**〉が邪魔をするからです。

自分には才能がない。
自分の家柄は悪い。
自分は若すぎる。
自分には教育がない。
自分にはお金がない。
自分には時間がない。
自分は20年以上も吸っているからタバコをやめられるはずがない。
自分が太っているのは遺伝のせいだ。

自分は何をやっても駄目な人間だ。

アンソニー・ロビンズ自身が、この〈**リミッティング・ビリーフス**〉に苦しんだそうです。まだ彼がティーンエイジャーだった頃、彼は年上の女性に恋をします。

この女性は当時のアンソニー・ロビンズと比べると教養もあり、キャリアも立派な、とてもサクセスフルな美人だったそうです。そして、彼はこう思い込みます。

「彼女を見てみろ。美人で、大人で、キャリアもあって、教養もある。それに比べて俺ときたらどうだ。まず彼女よりも年下だ。彼女を幸せにする学歴も金もない。そのうえアルバイトに追われて一緒にデートする時間もない。くそ！　ほっといてくれ！俺はどうせクズだ」と。

それでも彼はこの思い込みと共存する限りは理想の未来は訪れないと悟り、鎖のように抱えていたリミッティング・ビリーフスを破壊する方法を生み出します。それが〈**ディケンズ・プロセス**〉の原型です。

精神的激痛の果てに得られる変化

それではこの〈**ディケンズ・プロセス**〉は、どのように行なわれるのでしょうか？

リミッティング・ビリーフスを破壊するためには、強烈な痛みが必要です。そう、『クリスマス・キャロル』の主人公スクルージが体感したような強烈な激痛です。

そのような感情レベルの激痛をアンソニー・ロビンズは言葉によって〈ディケンズ・プロセス〉中に作り出すのです。

「このプロセスは10歳以下の不安定な子供にとっては危険だから、部屋の外に出てほしい。両親が気が狂ったように泣いているのを見るほどショッキングな光景はないからね。そして、プロセス中は目をつぶっていること。決して隣の人がどうなっているのかなんて覗かないこと。それから、自分の恋人やパートナーが錯乱状態になっても、大丈夫かい、などと言って慰めないこと。強烈な激痛を肉体の神経組織の奥底に植えつけるのがこのプロセスの目的だから、慰めてしまったら意味がないんだ」

と前置きしてセミナー会場を真っ暗にし、アンソニー・ロビンズは厳しい口調でこう始めます。

「長い月日がもうすでに過ぎた。

お前は変わりたいのに変われないことで、どれだけ苦痛を感じているのだ!?

想像してみろ。その体で感じたこと、目で見てきたこと、耳で聞いてきたこと、すべて思い出せ!

どれだけ苦しい思いをした!?

どれだけ悲しい思いをした!?

感じろ、その苦痛を感じてみろ!」

会場は真っ暗、目をつぶったままですから、アンソニー・ロビンズの言葉に触発されてありとあらゆる情景を僕は思い出してしまいます。

お金に苦労し、キッチンもない幽霊屋敷のような部屋で暮らしていたこと、何時間もとぼとぼと歩いた足の痛み、好きだった女性に声を掛けられなかったこと、嫌な上司や同僚の言葉によるハラスメントやいじめを長期間受けてきたこと、ありとあらゆる僕の苦痛の思い出が蘇ってきます。

「そして現在だ！

お前のそのくだらないリミッティング・ビリーフスによって、お前は何を失っている⁉　誰が泣いている？

感じろ！　体の奥底で感じるんだ！

お前が変われないとくだらなくわめいている間に誰が苦痛を味わっている⁉

愛する者たちの悲しみに打ちひしがれた瞳を思い出すがいい！

くどくどつぶやいていろ！　自分は変われない、自分は変われないって！

そんな勝手で卑怯な悪い思い込みによって誰が泣いている⁉　感じてみろ！」

このあたりになると場内のあちこちから、「いやぁぁぁぁ、もういやぁぁぁぁ！」とか、「うっうっ！　んんっっはぁ！」など、何とも形容できないむせび泣きの声が聞こえてきます。

「10年経つと、痛みは2倍になる！

10年後、10年後だ！　そのくだらない思い込みによって何を失った⁉　どんな苦痛

を味わっている⁉

感じろ！　感じてみるんだ！

目で！　その悲惨な光景を見てみろ！

耳で！　耳で苦痛にあえぐ泣き声を聞いてみろ！

体で！　体でその激痛を感じてみろ！

2倍だ！　痛みは2倍になった！

タバコをやめられないだと⁉　お前のその勝手な思い込みで10年後、誰がもうこの世からいなくなってる⁉　お前か⁉　お前が勝手に死ぬのは自業自得だ！　しかし残された家族はどうなる⁉　お前の愛する家族はお前がいなくなってどうなる⁉　それともお前の代わりに誰がこの世からいなくなってる⁉　お前が変われないせいで、お前の愛する誰がこの世からいなくなってる⁉

感じろ！　激痛を感じるんだ！　今のその嫌な仕事を続けていくせいで、10年後お前はどうなっている⁉　人生の大半を苦痛で過ごしていけばいい！　勝手な思い込み、やめられない、変われない、とわめいていればいい！

しかし、その苦痛からは逃れられない！

感じてみろ！　自分のかけがえのない人生を異臭のするゴミ箱に捨てる苦しみを味わえ！　激痛を感じるだけ感じろ！　お前にはそれがお似合いだ！

できない、分からない、変われない、とずっと言い訳をしてるがいい！

後になって最悪の苦痛を味わうがいい！　その痛みは3倍、4倍になるんだ！」

この段階になってくるとむせび泣き状態は異常で、隣にいた2メートル級のマッチョマンが鼻水をすすりながら嗚咽《おえつ》し、放心状態になっているのには唖然としました。

ちなみに、僕は毎回毎回、「今回は泣かされないぞ」と決意してこの〈**ディケンズ・プロセス**〉に臨むのですが、必ずといっていいほど泣かされます。それはこのフレーズで泣かされてしまうのです。


「20年後、苦しみは10倍になる！

お前のその〈**リミッティング・ビリーフス**〉で誰が苦しんでいる!?

お前は才能があり能力もある。何でもできる！　皆がお前に期待している！

それなのに、お前はその可能性をゴミ箱に捨ててこの世を去った！

誰が泣いている!?　誰が悲しんでいる!?

お前の母親か？　父親か？　兄弟か？　子供たちか？　友人か？

誰が見える!?　誰が悲しんでる!?　誰が泣いてる!?

感じろ！　その苦しみを感じろ！　その痛みを感じろ！

目で！　耳で！　体全体で！

細胞の奥の奥までその激痛を感じてみろ！」

「うわぁぁぁぁあ！」と、このあたりで僕は鼻水をすすりながら絶叫してしまいます。

「お前は変われない。そう、変われないって、ずっと自分で言ってきたからな。変われるわけがない」

アンソニー・ロビンズが皮肉っぽくそう言うと、会場全体から「Ｎｏ！！！」の大合唱が巻き起こります！

「お前なんて変われないって言ってるだろ！」

「Ｎｏ！！！！！」と会場を埋め尽くしている参加者の絶叫。

「だって、今まで変われなかったじゃないか！」

「Ｎｏ！！！！！」

「じゃあ、いつ変わるんだ？」

「Ｎｏｗ（今）！！！！！」

参加者はみな、嗚咽にむせびながら悲鳴をあげているようです。

「誰が!?」と確認するアンソニー・ロビンズ。

「Ｉ（わたし）Ｗｉｌｌ！！！」と返事をする大観衆。

「Ｍｕｓｔ（絶対）？」

「ぜったぁぁぁい！！！！！」

「本当に!?」

「イエェェス！！！」

ドォォォォオ〜ん！！！

「泣くのをやめろ！　胸を張れ！　高く立て《スタンド・トール》！」

地響きが鳴り、暗闇から紫色のステージが浮かび上がります！

そこに立つトニーの影が見えます。

心を揺さぶれるような音楽がここから鳴り響きます。

心臓が震えます。胸が高鳴り、張り裂けそうです。

トニーは拳を振り上げ、こう言います。

「今、我は自分の声を聞く！　我が自分の声なり！　さあ、後に続いて復唱して！」

「Now I am the Voice！」。会場にいる全員が大合唱です。

「もう他人の声に振り回されるあなたはいない。自分の声を信じなさい。自分の魂の言葉を信じなさい。Now I am the Voice！……」

これからさらに素晴らしいアンソニー・ロビンズ・ワールドが始まるのですが、それは実際にセミナーを受講してあなたの目で耳で体で感じてみてください。

この〈**ディケンズ・プロセス**〉があなたに信じられないほどの激痛を与えるとき、「変われない」と思っていたあなたは〈**運命の変わる瞬間**〉を迎えます。

あなたのリミッティング・ビリーフスが激しい苦痛によって破壊されるとき、あなたは生まれ変わるのです。

僕はここで〈**気づき**〉ました。

人間が変わろうとするときに必要なものは
耐え切れないほどの激しい苦痛である。
その激痛が、
人間の持つ勝手な根拠のない思い込みを破壊する。
自分が変わりたいと思うのであれば、
変われなかったときの自分が払うべきコスト、
つまり最悪の苦しみをビビッドにイメージし、
痛感することである。

▼超感動のフィナーレ！〈ザ・愛の男〉アンソニー・ロビンズ▲

僕が翻訳したアンソニー・ロビンズの『人生を変えた贈り物』のなかに、彼が見知らぬラティーノ家族の家へ行き、感謝祭のご馳走をプレゼントするという実話があります。

その家族はとても貧しく、子だくさんの母子家庭で、感謝祭の日に何も食べるものがないような状態でした（父親だった男は家族を捨てて出ていってしまいました）。そんな絶望のどん底で困窮にあえぐ彼らの前に、若き日のアンソニー・ロビンズがご馳走を両手に抱えて登場します。母親と子供たちは大喜びで彼を迎えます。そして、その小太りのメキシコ系女性は、アンソニー・ロビンズの頬に何度もキスをしながら喜びの涙を流します。

「あなた、贈り物、神からの。あなた、贈り物！」

アンソニー・ロビンズは自分の車に戻り、あまりの充実感と心からの感動で感極まります。この満足感、この幸福感が自分を突き動かす原動力になっていったと彼はセミナー中によく語ります。

実際、キャリアをスタートさせた頃の彼は、とにかく困っている人を救いたいという一心であるアイディアを思いつきます。

「どこへ行けば、途方に暮れているような困った人々に出会えるのだろうか？」という質問を自分に投げかけた末に、笑ってしまうような答えを思いつきます。

「デニーズだ！　深夜12時にデニーズのカウンターに一人ぼっちでグランドスラム（アメリカのデニーズで一番安いメニュー、困窮者がオーダーするメニューの代名詞）を注文して座っている男たちは、きっと問題を抱えているに違いない！」

こう思った彼はすぐに、このアイディアを実行に移しました。

69年モデルのオンボロなフォルクスワーゲン・ビートルに乗り込み、ロサンゼルス国際空港近くのあまり治安が良いとは言えない界隈のデニーズへ向かいました。店内に入った彼の目に、背中を丸めて悲壮感を漂わせている中年男性が映ります。彼はプロレスラーがリングに登場するように勇ましく、その男性に向かって一直線に歩いていきます。そして真夜中のデニーズ・レストランで、大声で目をぎらつかせながらこう自己紹介するのです。

「はじめまして、ミスター！　僕はアンソニー・ロビンズという者です。あなたのありとあらゆる問題を解決してみせましょう！　さあ、悩み事や問題を僕に言ってください！」

冗談のような話ですが実話です。でもこの作戦はうまくいかなかったらしく、「こいつはきっと変人に違いない」という顔をされ、まったく相手にされなかった、という笑い話で終わります。しかしながら、見知らぬ人々に「自分を与える」「愛を与える」という行動を繰り返して今の自分があると彼は力説するのです。

そしてセミナー参加者にも「是非見知らぬ人に手を差し伸べてほしい。彼らを助けてあげてほしい。彼らに愛を与えてあげてほしい。ホームレスの人々の話し相手になったり、養護施設を訪れたりするなど何でもいい、このセミナーが終わってから48時間以内に行動してみてほしい」と懇願します。

これはどんな人でもいいのです。そうです、見知らぬ人や初めて会う人に「与える」のです。

精神的激痛の果てに訪れる感動

僕自身は、アンソニー・ロビンズのセミナー後日本に戻ってきて、こんな経験をしました。大都会東京の新宿駅、大多数の人々は他人に無関心で、道ですれ違う人にもかまわずタバコをふかしている状態です。

南口改札内の男性公衆トイレでもそうでした。僕がトイレへ入ろうとすると、入り口で小柄な老夫婦が立ち往生していました。真っ黒のサングラスをかけステッキを右手に持つご主人は盲目であることが瞬時に見て取れました。彼の妻は男性トイレへ入っていけず心配そうな表情でご主人を両手で支えていました。悲しいことに誰も彼らに手を差し伸べる様子はなく、彼らがそこに存在することすら無視し、さっさと自分の用を済ませることだけに関心があるようでした。

僕はさっとその老夫婦に近づき、「僕に任せてください」とご主人の腕をリードし、やさしく彼女を見つめました。大丈夫、安心して、と。彼を便器があるところまで連れて行き、僕は自分の用などすっかり忘れ、彼の背後で用が終わるのを待ちました。近づいて肩に手をやると、彼は驚いた様子でした。きっと僕がもうすでにどこかへ行ってしまったと思っていたのでしょう。

「大丈夫ですか？　さあ、こちらへ」

不安そうな表情でご主人を待ち続けていた老婦人のもとへ彼を送り届けると、彼女は深々とお辞儀をしながら瞳に涙を浮かべて喜んでくれました。「ありがとうございます。ありがとうございます」と。

僕の目頭は熱くなりました。そのときの僕の感動は、アンソニー・ロビンズのセミナーのフィナーレで味わったものと同じくらい忘れられないものでした。魂が震えるくらいの喜び、感動なのです。

ああ、僕は初めて会う人にでも自分を捧げることができるんだ、僕は何という素晴らしい人間なんだろう、僕の人生は何て素晴らしいのだろう、と感極まってしまったのです。

では、アンソニー・ロビンズがセミナーのフィナーレで何を参加者にさせるかというと、前項で説明した〈**ディケンズ・プロセス**〉が終了した後、興奮の余韻に浸っているセミナー受講者をリラックスさせるために会場を暗くして、ステージ両脇にある巨大スクリーンにろうそくの炎の映像を映し、「愛こそすべて」のメッセージを見つめさせます。

そして、彼はこう言うのです。

「君たちが見知らぬ人から愛を与えてもらえるということを証明してみせよう」と。

薄明かりのステージのなか、彼は世の中が愛に満ち溢れていること、人間は基本的に惜しみなく愛を与えることができるということを柔らかい表情で語ります。

「さあ、立って。そして、一番最初に目が合った人に愛を与えてあげてほしい。ただ見つめるだけでいいんだ。一瞬だけでもいい、心からその人を愛するんだ。あなたの気持ちを与えてあげてほしいんだ」

僕がふと左横を見ると、僕を見つめている背の高いメガネをかけた白人の紳士に気づきました。

どうせなら美人の女性と見つめ合いたいなあ、と一瞬思いましたが、あまりにもやさしい目をしたその紳士を僕は無視することができませんでした。そして、彼はその瞳から溢れるばかりの愛を放ち、僕の体のなかに入ってきたのです。

彼との距離は約2メートルありましたが、その愛のパワーは圧巻でした。

彼は瞳に涙を浮かべながら「アイ・ラブ・ユー、アイ・ラブ・ユー」と心でささやいているようでした。

突然、僕の体のなかに何かが生まれた感じがしました。体が震え、喉が詰まるような熱い感情、自然と溢れ出る涙が頬をつたってやさしく僕を包み込む、まるで僕は宇宙と一体になっているような感じでした。

「さあ、今度は全身を使って愛を与えるんだ。ハグしてあげてほしい。そして、『アイ・ラブ・ユー』と声に出して言ってあげてほしい」とアンソニー・ロビンズは自らも感極まって、涙声で言いました。

見つめ合っていた背の高い紳士は僕に近づき、まるで自分の息子を抱きしめるようにやさしく抱きしめ、耳元で「アイ・ラブ・ユー」と、アカデミー受賞映画に出てくるぐらいの熱く心が震えるトーンで囁いてくれたのです。

〈愛されている〉

僕はこの見知らぬ人からの愛を確かに感じました。そして、涙が溢れました。

「分かるだろ？　初めて会った人にだって愛を感じることができるんだ。知らない人にだって愛を与えることができる。世の中は愛で溢れているんだ。つまり、君は愛されているんだよ。君が知らない人たちから愛されているんだ」

アンソニー・ロビンズはそう言うと、何百人にもおよぶボランティア・スタッフをステージに招き入れ、「皆、手をつないでくれ！　そして、歌おう！」と叫びます。

赤、黄色、オレンジの証明が光り輝く会場のなか、参加者全員が手をつなぎ歌った曲はエルトン・ジョンの『サークル・オブ・ライフ』でした。

きらめくステージ、紙吹雪が舞う会場、心が震える大音量、声を振り絞って涙を流しながら歌をうたう僕。

自分が愛されている、というのは、自分が絶え間なく人々を愛し続けている証拠なのだと自ら証明する〈**ザ・愛の男**〉、アンソニー・ロビンズ。

彼がボランティア・スタッフを一人ひとり抱きしめていく姿、そして嘘偽りなく愛を表現する彼の表情に、自らの未来の姿をだぶらせていく僕。そんな自分に強烈な愛を感じました。

僕はここで〈**気づき**〉ました。

より多くの人を愛していこう。
自分の知っている人々だけでなく、
見知らぬ人々も愛していこう。
そして、より多くの人々を愛すればするほど、
人々から愛され、自分のことを愛することができる。
愛に限界はない。無限の愛を与えていこう。

第3章
ジョン・グレイの教え
僕の気づき

ジョン・グレイ

男女関係の世界的権威。恋愛&結婚トラブル解決の世界No.1カウンセラー。現在カリフォルニア州在住。全世界で1200万部を記録した大ベストセラー『男は火星から、女は金星からやって来た』（邦題は『ベストパートナーになるために』）は、男女関係に悩む多くの人々のバイブル的存在。他にも『この人と結婚するために』『ベストフレンド　ベストカップル』『愛が深まる本』など多数が邦訳されている。巧みな話術を駆使しての男女関係セミナーを世界各地で開催し、多くのファンを魅了してやまない。妻のボニーをこよなく愛するスーパー愛妻家。

www.marsvenus.com（英語のみ）

▼君が良ければ僕はそれが幸せ、というジョン・グレイ哲学▲

男女関係に関しての世界的権威、愛のエキスパートであるジョン・グレイ博士を知ったのは比較的最近のことです。

彼を知るまでは「こんな学問（男女関係を司る男女ホルモンの学問）がある」なんてことも知りませんでしたし、世の多くの男性と同じように、人間関係や男女関係に関する分野にはあまり興味を持てませんでした。

しかしある日、「スカイクエストコム」というインターネット勉強システムを知り、ジョン・グレイ博士のビデオを発見しました。これが僕が初めてジョンのことを知った瞬間です。そして、僕は彼のビデオのおかげで、自分がそれまでに繰り返していた男女関係の過ちに気づき、約1時間の彼のトークを聴いた後にはすっかり、「なるほど……うん、うん、そうだ、そうだ」と納得させられ、超のつく彼の大ファンになってしまいました。

その後、彼の代表作である『ベストフレンド　ベストカップル（原題：Men, Women and Relationships)』や『ベストパートナーになるために（原題：Men are from Mars,

Women are from Venus)』などを読み漁り、いつものパターンのごとく、僕は彼のオフィシャル・ウェブサイトをチェックし、セミナー・スケジュールを調べ、彼のワンデイ・セミナーに参加しました。

初めて彼のセミナーに参加したのは、カリフォルニアのサンタ・アナという場所でした。ディズニー・ランドの近くといえば、何となく想像がつくのではないでしょうか。ロサンゼルス中心部から約1時間半、最大10車線くらいあるフリーウェイを車で飛ばしてたどり着いた会場は、いかがわしい赤色の、まるでストリップ劇場のようなシアターでした。

「ホントにこんなところでセミナーやるのかな？」という印象です。

受付にいた化粧と服装がど派手な中年マダム・スタッフに「ジョン・グレイのセミナーはここでいいんですよね？」と尋ねると「そうよ」との返事をもらい、会場に入ってみると100枚以上ものジョン・グレイ博士のポスターが赤い壁を埋め尽くすほどに張ってあったので、僕は「凄いな、ジョン・グレイ」と感心しました。

ちなみに、この約3時間のセミナーは50ドルという破格の料金設定でした。おまけに僕はプラス30ドルを払って、彼と一緒に写真を撮らせてもらい、ランチまで一緒に食べさせてもらいました。さすがに女性を意識しているセミナーだけあって料理も手が込んでいて、よくこんなストリップ劇場みたいな所でこんな豪華な料理を用意したものだな、とますます感心したものです。

この会場にも日本人は僕一人しかいませんでした。つくづく英語を理解できるということはお得だなと感激したのを覚えています。

セミナーが始まる前には、ちょっとしたサイン会もありました。僕が日本から持ってきた5冊の本に嫌な顔もせず、ニコニコとサインする姿はまさにプロフェッショナルでした。

〈愛の狩人〉はチャーミングな紳士だった

ジョン・グレイ博士は現在54歳、中肉中背で、清潔感溢れる真っ白なシャツが似合う、アメリカ人にしては小柄な紳士です。おとなしくしている彼は普通のおじさんですが、喋り始めると一変して**〈タダ者ではない雰囲気〉**をかもし出します。僕が彼のサインをもらっているときに、「ジョン、僕はトニー・ロビンズの通訳をするんですよ」と言ったら、「あんなに早口な人の通訳ができるんだったら、僕の通訳なんて君が恋人と『メーキング・ラブ』をするぐらい簡単だよ。君、結婚してるの？　早く子供は作った方がいいよ。子供は財産だからね」なんて、ウィンクしながら話してくれるのです。

それも、彼には独特の間の取り方とアイ・コンタクトの仕方があって、日本の50代の男性にはあまりない色気とチャーミングさを感じさせます。

〈この人は愛の狩人だ！〉

僕は直感的にそう思い、彼の言うことを素直に聴いて、すぐにでも実践することを心に誓いました。

そして、この言葉がセミナー開始直後に出てきます。

〈君が良ければ、僕はそれが幸せ〉

中央に飾られた無数の赤いバラ以外には何もないシンプルなステージ、少し斜め右に現われたジョンはニコニコしながら客席に向かって挨拶をします。

「こんにちは！　今日はセミナーに来てくださってありがとう」

しかし、ジョンのネクタイにセットされたピンマイクの調子が悪く、音声がとぎれとぎれになってしまうのです。

「あれ、調子悪いな。皆さん、聞こえます？　聞こえる？」

客席に座っていた大勢の淑女たちは「ダメダメ、聞こえないわ」の大合唱で反応します。

そして、ジョンは一目散に舞台裏へ駆け込み、スタンドマイクを持って再びステージに登場します。

「これでどう？」

今度はバッチリでした。

「イエスイエス、いいわよぉ」と色っぽい女性の声。

「ＯＫ、君たちが満足してくれるなら、僕はそれでいいんだ。ピンマイクを使おうが、スタンドマイクを使おうが、どっちでもいいってこと。これはね、男女関係でもそうなんだよ。〈**君が良ければ、それが僕の幸せ**〉ってことなんだ……」

ジョンはのっけから意味深なことを言い出しました。

「……ところが、多くの男性も女性も『自分は絶対ピンマイクしか使わない』みたいな態度で相手と付き合おうとする。頑なな態度なんだね。柔軟性が欠けてしまっているんだ。だから自分自身を不幸にしてしまう。

僕は長年リレーションシップに関してのコンサルタントをやってきているけど、ほとんどのクライアントは相手のパートナーを指差して最初にこう言うんだ。

『この人がいけないんです！』って。

『この人さえちゃんとしてくれたら私たちはうまくいくのに』って。

しかしね、問題はユー！　ユーの中にあるんだ。自分自身に問題があることに気づいてほしいな。

いいかい？　もう一度言うよ。パートナーとの関係がうまくいってないなと感じたら、まず自分を疑うこと。いいね」

会場は一気にシィーンと静まり返りました。

その会場を見渡すと……

僕はここで〈**気づき**〉ました。

相手の本当の幸せを考えてあげること。
それが男女関係の大前提であり、
結果的に自分に幸せをもたらす。
頑なな態度は相手だけではなく自分をも滅ぼしてしまう。
相手が喜んでくれれば、
それが自分の幸せなんだという自分を求めていこう。
そういう柔軟性のあるパートナーになっていこう。

▼会場の8割以上が中年女性！話は「男は火星人、女は金星人」から始まった!!▲

ジョン・グレイ博士の著書を読んでいると、たくさんの男性が男女関係に悩んでいて、彼のセミナーには男性の受講者も大勢参加している、などと書かれていますが、実際に僕が出席したセミナーでは事実は違っていました。

この眼ではっきりと見たのですから間違いありません。セミナー参加者の圧倒的多数、明らかに8割以上が女性でした。そして、彼女たちを注意深く観察して、あることに気づいたのです。アメリカ人は日本人よりも老けて見えるのでその影響もあるとは思いますが、どう考えても20代や30代の女性は少なくて、そのほとんどが40代以上の女性客だったのです。

実際、僕の斜め前に座っていたスージーという女性は50代の半ばで、嫌がる旦那様を連れて会場に来たそうです。このスージーのご主人は、ジョナサンという無口で愛想のない、そしてすっかり頭が禿げ上がってしまっている冴えない男性でしたが、セミナー中も奥さんであるスージーと口論していました。

口論とは言っても、ただスージーに一方的にやり込められている感じで、アメリカ販カカア天下よろしく、彼女は夫を徹底的に口撃していました。

スージーは典型的な現代アメリカ女性で、男以上に攻撃的、ジムで鍛えたシミだらけの二の腕を恥をさらすように見せびらかし、その浅黒い表情はまるで自分の心を表わしているようでした。

ところがそんな彼女、着ている服はとてもかわいらしいのです。ピンクのフリフリのワンピースに、何と、赤いリボンを髪に結び付けていました。見た目50代ですよ!! さすがアメリカ、と言いたいところですが、やはりいくつになってもどこの国でも女性は女性なんだな、と妙に納得してしまったのを覚えています。

ということで、会場には女性の山、男性は嫌々ながら奥さんに連れて来られる、という図式です（男性が手を仲良く手をつないで男女関係のセミナーに参加するなんて想像できません）。

これには間違いなく理由があるはずなのです。そこが知りたいのです。ここでジョン・グレイ博士のあの有名なフレーズが登場します。

「もしも昔々、〈**男性は火星人で、女性は金星人だったとしたら……**〉って考えることができれば、男女関係のいろいろなトラブルも解決するんじゃないかな、ってことなんだ。そう、もしも男性と女性がまったくの異星人だと考えることができれば、相手である異性人をより理解できると思わないかい？」

この後、彼は例の〈**火星人が金星に住む金星人を双眼鏡で発見して、火星と金星の**

間にある地球でデートして、そして、恋に落ち一緒に暮らし始めた〉という、彼のファンだったら誰もが知っている話を、ダイナミックに面白おかしく披露しました。この話を実際に聞いた瞬間、膝がガクガク震えるほど感動したことを覚えています。

内容や言い回しこそ若干の違いがありますが、ジョンが本の中で書いていたこのストーリーを生で聴けたわけですから、そりゃあパンツから火を吹くほど興奮しました。このときも改めて、ああ、英語を理解できるっていうのは、何て素晴らしいことなんだろうって、胸がジーンと熱くなったほどです。

なぜ男と女はこんなに違うのか⁉

ジョン・グレイの話を簡単に要約すると、こうなります。

——昔々、男たちは火星に住んでいて、日々肉体労働に明け暮れていた。朝から晩まで仕事、仕事、仕事！　彼らは、目的や目標などを達成することにこの上ない喜びを感じる生き物で、好んでいた活動は、狩りや釣りなどで獲物を獲得したり、仲間同士でレスリングをするなどの競い合いだった。

仕事や競い合いに疲れた彼らは、望遠鏡で他の星々を眺めていた。すると、ひとりの男が自分たちとは違う生き物が住んでいる惑星を発見した。それは金星だった。金星には女性が住んでいて、男たちは女性の美しさに心を奪われた。美しく長い髪、豊かな胸、くびれたウェスト、しなやかな体つき、女性の持つ特徴すべてが男たちを魅了した。

女性たちも金星を遠くから眺めている男たちの存在に気がついた。そして、女性たちもまた、男たちの精悍な顔立ち、たくましい胸、力強い筋肉質な体つきなどに興味を持った。やがて彼らは火星と金星の中間にある「地球」という惑星で落ち合うことを約束した。地球で初めて会った彼らは一瞬で恋に落ちた。そして、故郷である火星や金星には帰らず、地球で一緒に暮らし始めた……こんな感じです。

男と女がまったく別の生き物だったら、というジョン・グレイの説明が、このとき妙に腑に落ちました。普段から時間に追われて漫然とした人生を送っていると当たり前のように感じてしまいがちですが、男と女ほど違うものはありません。実際、この会場に来ていたのは80％以上が女性だったわけですから、そこに何らかの理由があるはずなのです。

ジョンは分かりやすい例を使ってこう説明します。

「火星人が好きな雑誌は何？　経済、ビジネス、車、釣り、ハンティング、スポーツ……こんな感じだよね。じゃあ金星人は？　ファッション、心理学、占い、ゴシップ、芸能関係……これって偶然の結果だと思うかい？　ノーノーノー！　偶然じゃないんだ。男と女の考えていることの違いが結果として如実に出ているんだ。僕らは明らかに違うってこと」

確かにその通りです。男の子は車や電車や飛行機などのおもちゃを欲しがり、女の子は熊のプーさんやお姫様の人形を欲しがる、という図式がこの世では成り立っています。

一般的にこの傾向は大人になってからも続くようで、男性は車やボートなどスピードの出るものを好み、女性はキティちゃんやミッフィーなどのキャラクターグッズやファッションにお金を使うようになっていきます。そのうえ、男性は成長するとともに肉体がたくましくなっていき、現代ではスポーツや祭りなどに興じます。女性はというと、華やかな踊りや大勢で集まるパーティなどを好んでいきます（結婚式などがいい例です）。

実際、最近結婚した僕は、**〈男は家に帰ると黙り込み、女は話したがる〉**という違いを痛感したばかりです。

では一体、何が男と女をここまで違う生き物にさせているのでしょうか？

次項では、ジョン・グレイ博士が得意とする**〈男女ホルモンの違い〉**から発生する男女の差について話を進めていきたいと思います。

僕はここで**〈気づき〉**ました。

男と女は同じ人間ではあるが、異なる生き物だ。
異なるから理解できないと思うのではなく、
異なるが故に、相手との違いを理解しよう。

違いを認めよう。違いをきちんと理解しさえすれば、
相手である異性をより理解できるのだから。

▼おお神よ！　男女ホルモンの力には逆らえません!!▲

「女性の考えてることはまったく分からん」

これが僕の叔父の口癖でした。確かに同感です。言葉に出してこそ言いはしませんでしたが、女性の考えていることを理解するのは、僕にとって複雑な微分積分の問題を解くより難しいものでした。

女性にとってもそれは同じだと思います。今でも思い出す経験があります。まだ二十歳の頃、僕は自分のことばかりを考える典型的な若い男だったのですが、女性にとってあまりにも度を越すような傲慢で残酷な青年だったため、「あなたのことがよく分からない」と何度も泣かれたことがありました。

その頃は、「なんでこんなことで女は泣くのかなあ？」なんて思ったりしていましたが、今思い起こすと、「そりゃあんた当然だよ。そんなことしたら泣かれるのは当たり前だろ」みたいな行為をしていました。

実際、この男女の違いを理解できずに、僕は最近まで男女関係で苦しんでいたと言っても過言ではありません。子供の頃は「キューピーちゃんにそっくりですね」と言われるほどのベビーフェイスで目がパチクリ大きい僕の顔はとても女性受けが良く、付き合い始めはとてもスムーズに事が運びます。しかし、付き合ううちに問題が頻発し（キューピーちゃんの顔を持つ悪魔でしたから……）、何と、そんなかわいいベビーフェイスにもかかわらず、35歳まで結婚できずにいたのです。いえ、むしろ反対に35歳のベビーフェイスなんていうのは売りにもならず、「今度こそはきっとうまくいかせてみせる」と内心あせっていた頃、このジョン・グレイ博士の〈**男女ホルモンの違い**〉を知ったというわけです。

ジョンは数ある著書の中ではあまり説明をしていませんが、セミナーではとても詳しくこの〈**男女ホルモンの違い**〉を解説してくれます。僕はある意味、論理的な男なので、「男はこういうものだ、女はこういうものなんだ」と感覚的に説明されても納得ができないタチでしたから、ジョンからこの化学的&生理学的な男女の違いを教わったときは、とても心にしっくりとくる感覚がありました。ああ、そういうことだったのか、なるほど、と手を叩くような清々しい気分だったことを覚えています。

男女の謎を解くカギは〈ホルモンの違い〉

さて、どうして男と女はそんなに違うのか？　問題の核心に触れていきましょう。

ジョン・グレイ博士によると、男と女の違いは、〈**天と地ほどの違いがある**〉と言います。その最も大きな違いを生理学的に捉えると、女性には〈**子供が産める**〉という絶対的な特徴があります。まるで当たり前のようなことを言っていますが、これが違いではなくて、何が違いになるのでしょうか。男性は子供を産めないのです。オカマになってどんなに女性らしくなっても、子供だけは産めません。これは絶対的な事実です。

確かにそうです。ある女性から話を聞いたことがあるのですが、「生まれたばかりの赤ちゃんを想えば想うほど、母乳が出てくる」らしいのです（僕は男性ですから、実際はどうなのか知りません）。こういった生理的な反応が偶然に起こっているとは思えないなあ、と考えたこともあります。そして、ジョンの〈**男女ホルモンの働きの違い**〉の説明を聞いて、多くの謎は解明されたのです。

〈**赤ちゃん**〉、あなたはこの言葉を聞いて、何を連想しますか？

プクプクした丸い顔、ブヨブヨした手足、3〜4頭身の体型、そして、「可愛いベイビー」の歌（この歌を知らない若い読者もいるかもしれませんね）。

可愛い!?　そうです、可愛いのです。特に、女性にとっては可愛いはずです。もしあなたが女性ならば、一度や二度、赤ちゃんを見て「可愛い〜！」と絶叫したことがあるはずです。それも、自分の赤ちゃんではなく、他人の赤ちゃんを見て、です。

エレベーターに赤ちゃんを抱いた母親が乗ってきます。それを見た数人の若いＯＬたちが「まあ〜可愛い！」とやる光景。そして、飛行機の中、赤ちゃんを見つけたスチュワーデスが「まあ〜可愛い！」と群がる光景。僕は何度もこういう光景を目撃してきました。

可愛い!? いいえ、男性の僕からすると、まったく可愛く見えません。大体、ほとんどの赤ちゃんはブサイクな猿みたいに見えます。若い女の子の方がよっぽど可愛いです。少なくとも、自分の子供以外の赤ちゃんは可愛いとは思えません。とにかく、他人の赤ちゃんを発見し、「可愛い！」と反応する女性の心理がまったく分かりませんでした。そう、ジョン・グレイ博士の話を聞くまでは……

ジョンの説明によると、〈**オキシトシン**〉という女性ホルモンの一つが、赤ちゃんを見ると「まあ可愛い！」と女性を絶叫させている、ということです。

オ、オ、オキシトシン???

そうです、オキシトシンという、別名〈**ボンディング**（「くっつく」という意味です。接着剤を「ボンド」って言いますよね）・**ホルモン**〉と呼ばれているホルモンです。通常、女性は男性の20〜30倍ほどオキシトシン・レベルが高いと言われていて、このホルモンのせいで、本能的に人と繋がることを求めます。本能的に、です。

どうしてか?

なぜなら、そうでないと、人類が絶滅してしまうからです。

こう考えてみると分かりやすいです。この地球上の動物のほとんどの種は、生まれてからたった数カ月から数年くらいで自立してしまいます。生き延びていくために、早く自立する必要があるのです。馬とか犬とかを想像してみると分かるはずです。では、人間はどうでしょうか？　18年、20年、いろいろな答えが返ってきそうですが、最近では35年かかる人もいます。

〈ラブ・ホルモン〉が愛を求める

もしもです、もし人間が赤ちゃん、つまり自分が産み落とした子供に興味や関心を持てないとしたらどうなってしまうでしょうか？　赤ちゃんが母乳を欲しくて泣いているのに、そのお母さんが興味もなく知らんぷりしてたらどうなるでしょう？　子供たちの食の確保や教育の提供、病気などに対しての看護をしなかったとしたらどうなるでしょう？　そうです、とっくに絶滅してしまっているはずです。しかし、人類は絶滅していません。ここに〈**仕掛け**〉がしてあるからです。

女性は赤ちゃんを見ると、オキシトシンが分泌され、体内のオキシトシン・レベルが高くなっていくようプログラムされている、とのことです。DNAにそう書き込まれているのです。結果、その名の通り、赤ちゃんに〈**ボンディング**（くっつく、繋がる）〉します。

そして、このオキシトシン、またの名は〈**ストレス・リデューシング**（減らす）・**ホルモン**〉と呼ばれていて、他の人と繋がり、オキシトシン・レベルが高くなると、ストレスが軽減される仕組みになっているのです。つまり、赤ちゃんを見ると体内にオキシトシンが分泌され、その赤ちゃんとくっつくとさらにオキシトシン・レベルが上がるので、ストレスが軽減され、さらに、高揚感を感じるように女性はプログラムされているのです。そのうえ、オキシトシンは〈**ラブ・ホルモン**〉であり、愛を感じているとさらにストレスが軽減され、気持ち良くなる仕組みになっています。ですから、女性は〈**人との繋がり**〉や〈**愛**〉を本能的に大事にするのです。男性同士が手を繋ぐのは珍しいことですが（サンフランシスコには大勢いますけど）、女性同士が手を繋ぐのは珍しくはありません。もうご理解いただけたはずです。オキシトシンがそれをさせているのです。

逆に、人と繋がっていない、愛を感じられていない、つまり、孤独な女性は最悪の状態になってしまいます。このようなとき、女性の体内のオキシトシン・レベルは下がってしまいますから、ストレスを感じ、気分が良くない状態になってしまうのです。仕事では成功しているのにたびたび虚無感に襲われてしまう女性は、この罠にはまっている可能性があります。

孤独な女性、つまり、人と繋がっていない自分に〈**寂しさ**〉を感じている女性は本能に逆らえず、次の行動に出ます。〈**話す**〉のです。愛を感じられず、孤独感にさいなまれた女性がすることは、話して、話して、話しまくることです（愛を感じられない女性に小言が多いのはこのせいです）。相手が男性であろうが女性であろうが話しまくります。

どうしてか？　繋がりたいからです。ストレス・レベルを下げようとして、人と繋がろうと本能的にしているのです。

分かりやすい例がこれです。男性はあまり自分の恋愛の悩みを友人に打ち明けませんが（ひとりであれこれ考えるのが好きなため。そして、自分が恋愛で悩んでいるなんてことを人に打ち明けるのが恥だと思っている男性が多いため）、女性は親友同士で悩みをシェアします。秘密をシェアすればシェアするほど、女性は繋がりと愛を感じ、幸福感を感じるのです。

男性をハンターにする〈テストステロン〉

では、男性を司っているホルモンは一体何なのでしょうか？　そして、そのホルモンは男性をどのような行動に駆り立てるのでしょうか？

もちろんジョン・グレイ博士は男性ホルモンについても説明しています。彼に言わせると、男性ホルモンは〈**結果**〉を出させるためのホルモンです。女性が子供を産み、女性ホルモンがその子供と女性をくっつける仕組みになっているように、男性ホルモンもまた、男性をある重要な事柄へと向かわせているのです。

あなたが女性なら、このような質問を男性にした経験はありますか？　男性のあなたは、こんな質問を女性からされたことが一度や二度ありませんか？

「わたしと仕事、どっちが大事なの？」

こんな質問をされても男性は困るだけです。なぜなら、あなたを傷つけないようにと、嘘をつくしかないからです。では、男性の心理を理解するために、もっと面白い質問を考えてみましょう。

「わたしとわたしを守る使命、どっちが大事なの？」

是非、次回はこう男性に訊いてみてください。きっと、「君を守る使命だよ」と言ってくれるはずです。

男性は、仕事、目的、達成、名誉、使命のために動くのが大好きです。そして、**〈結果〉**を欲しがります。女性が**〈プロセス〉**を尊重するのに対し、男性は〈結果〉に焦点を合わせる生き物なのです。

どうしてか？　自分の優れた遺伝子を後世に残すために、他の男たちと戦って、自分が優れているという〈結果〉を証明する必要があるからです。そして、自分の遺伝子を引き継ぐ家族を生かしていくために、食べ物や住まいを提供する**〈使命〉**があるからです。そして、これらを男性にさせているのが**〈テストステロン〉**という男性ホルモンです。

ジョンはこう説明します。

「テストステロンは、男をハンターにするホルモン。男は、テストステロン・レベルが上がって、ターゲット、目的、ゴール、女性、などを追っかけているときにこの上なく気持ちが良くなる。通常、男性は女性の20倍くらいテストステロン・レベルが高く、なかには、女性の30倍ものレベルの男性もいる」

つまり、男性は何かを追いかけているとき、結果を出しているときが最高に気持ちが良くなるようになっているのです。

何か気づきませんか？　サッカーや野球などのスポーツを思い出してみてください。テレビゲームなどはどうですか？　レースやガールハント、男性が好むものは〈**何かを追いかけるもの**〉ばかりです。昔は、これが〈**狩り**〉だったわけです。狩りにしても釣りにしても、愛好家は圧倒的に男性ばかりです。それらが好きな女性はまだまだ少数派です。

男性は結果を出そうとするために、ときとして野蛮で自己中心的になります。テストステロンの影響で結果を追いかけ過ぎて、周りが見えなくなる状態です。思いやりをなくし、家で待つ家族のことも忘れ、人の迷惑も顧みず、自分が信じる仕事に没頭してしまう、このような状態に陥りやすいのです。

「テストステロンは攻撃的なホルモンで、人間を凶暴化させる。一般的にテストステロン・レベルが高い人間は、暴力的な人間が多い。そして、若くて健康的な男性は、大体テストステロン・レベルが高い」

ああ、そういうことだったのか！

若かりし頃の僕は、テストステロンが全開だったというわけです。ですから、プロレスごっこをして相手に怪我をさせたり、空気銃で鳥を撃ち落とそうとしたり、女の子を追い掛けまわしたりしていたのです。

現代の男性は昔の男性がしていたような〈**狩り**〉をする代わりに、オフィスへ行って〈**結果**〉を出そうとし、余ったエネルギーで歓楽街へ〈狩り〉に行ったりします。ここでまた〈結果〉を出せたりすると、男性はとても嬉しくなったりするものなのです。オキシトシンに司られている女性とは違い、ここに〈**愛**〉は必要なかったりします。テストステロンで溢れている男性は、ただ〈結果〉を求めるのです。女性が男性を理解できないからといって、いちいち目くじらを立てていては、男性とはうまくやっていけないでしょう。男性とはこういうものなのだ、と受け入れる心構えがあなたをさらに女性らしくさせるはずです。

ちなみに、男性のテストステロン・レベルが一番高くなるのは早朝です。その日の〈狩り〉で〈結果〉を出すために、朝からテストステロンを全開にさせる必要があるからです。これは男性なら誰もが気づいているはずです。

もしあなたが不健康になり、活気もなくなり、エネルギーもなくなり、男性としての価値をなくす、つまり、テストステロン・レベルが下がりっぱなしになってしまうと、朝、テストステロンを全開にした証明が希薄になるでしょう。こういった状態になってくると、男性は結果を出せなくなってきます。テストステロン・レベルは、男性にとって一種のバロメーターのようなものなのです。

そして同時に、テストステロンは〈**自由を愛するホルモン**〉です。テストステロンの影響で、男性は自分の自由が守られないと我慢ができないほど苦痛を感じるようになっています。ですから男性は自分の自由な時間を女性以上に大事にする傾向があるのです。

テストステロン・レベルが上がっているときの男性は、ひとりで無口になって淡々と〈結果〉を出そうとします。テストステロンが全開になって、目的やゴールに突っ走っているとき、男性はとてつもない快感で満たされるようにプログラムされているからです。男性が何かに没頭していたり、ひとりで何か考え事をしていたら、絶対に邪魔してはいけません。そういうときに邪魔されるのを、テストステロンに支配されている男性は最も嫌うのです。テストステロンの怒りに触れないことです。

最後に、笑い話を一つしまして、この項を終えましょう。

かつて、男性を理解していない女性から、僕はよくこう怒られていました。

〈**どうして私とデートしてるのに、他の女性に色目を使うの！**〉と。

これは違います。まったくの誤解です。見たくて見ているわけではないのです（たまには見たくて見ている場合もありますが……）。

ジョン・グレイ博士はこう説明します。

「テストステロンは動いているものに標的を合わせてしまう力も持っている。ハンターのホルモンだからね。それから敵から家族や自分の身を守るっていう本能でもある。

だから動いているものに目がいく。つまり、その女性が君より綺麗だったから目をやったのではなく、動いていたから〈**本能的に**〉首ごとターゲットに焦点を合わせただけなんだ」

彼は面白おかしく、目だけを動かせない、首ごとターゲットに焦点を合わせる男性の動作を滑稽に演じてくれました。

ほんと、ジョン・グレイ、最高です。

僕はここで〈**気づき**〉ました。

女性には愛のホルモン、
人との繋がりを求めるホルモン、
「オキシトシン」が多く分泌されている。
だから女性は人と繋がることを本能的に欲する。
男性には結果を出すホルモン、
仕事、権力、成功、達成、目的、
目標を追い求める「テストステロン」が多く分泌されている。
男女のホルモン・レベルの違いをきちんと理解し、
バランス良く自分のパワーを使っていける男性になる。

▼女性の心をつかみたいのであれば、一輪のバラと「話を聴く」こと▲

ジョン・グレイ博士のセミナーに参加するまで、僕は女性に花を贈るのが嫌いでした。これには理由があります。

アメリカに住んでいた頃、交差点の真ん中で安っぽいバラを押し売りするメキシコ人をよく見かけました。今考えてみると、とても便利なサービスです。赤信号の間に相手から売りに来てくれるわけですから、車から一歩も出る必要がありません。そのうえ、6本で5ドル程度という超破格の値段なのです。

しかし、実際に彼らの売るバラを僕は購入したことがありません。なぜか？　男は見栄を張る生き物だからです。

どうしても「こんなところで買うより、ちゃんとした花屋で買おう」というようになってしまうのです。そして、花屋ではまたまた〈**見栄張り病**〉が顔をのぞかせ、財布は軽いくせに極上のコロンビアン・ローズを1ダースも購入して、後で自己嫌悪に陥るというパターンの連続でした。そんなことを繰り返していたら、いつの間にか、女性に花を贈るのが自分にとって〈**苦痛**〉になってしまったのです。ですから、かろうじて女性に花を贈るという行為はしていましたが、〈**義理**〉と〈**見栄**〉からそうしていただけであって、心から望んで行動していたわけではないのです。

しかし、そんな僕の思考パターンをジョン・グレイ博士は見事に破壊してくれました。ちょっとした男女の違いを知り、考え方を変えるだけで、とてつもない威力を発揮するのがこの〈**一輪のバラ**〉です。

「一輪のバラ？　そんな恥ずかしいプレゼントできないよ、大体、花屋さんで一輪のバラを買うこと自体が恥ずかしい（男は貧乏人と思われるのが嫌なのです）」なんて声が男性陣から聞こえてきそうですが、以下の説明を聞いてもらえば、少しは物の見方が変わるはずです。

なぜステージにバラが飾られているのか

「現代の女性には〈**ロマンス**〉が必要になっている」とジョン・グレイ博士は説明します。

つまり、現代の男女関係には〈**愛**〉や〈**情熱**〉が今まで以上に求められているのです。ちょっと前まで、結婚はある意味、女性にとって生きていくための術でしかありませんでした。しかし、今日のように女性が自立したおかげで、結婚の意味合いそのものが変わってしまったのです。今日、男性の助けがなくても生きていける女性は急速に増加しています。そして、そうした自立している女性は、結婚に〈**生活**〉よりも

〈ロマンス〉を求めるようになってきているのです。

ジョン・グレイ博士のセミナーには通常、ピンクや赤のバラがステージ中央付近に飾られています。僕は何度も彼のセミナーを観ていますが、赤いバラが飾られていなかったためしがありません。どうして毎回真っ赤な美しいバラが飾られているかというと、そのバラを使って男女の違いを説明しようとするからです。

「今まで説明してきたように、男性はテストステロンの影響で、仕事！ 仕事！ 仕事！ と仕事ばかりに夢中になって、本当は一番大事な妻や子供たちとの時間のことをないがしろにしてしまいがちになる。情報が少なかった昔はこれでもよかった。女性が社会に出るチャンスは少なかったし、主婦はそれが当たり前だと思っていた時代だった。

しかし、情報化社会が進むにつれて、他の家庭やカップルと自分たちとを比べることができるようになってきた。女性はテレビに映っているカップルを見て、あのカップル幸せそうだわ。どうして私たちは幸せじゃないのかしらって不満になる。残念ながらほとんどの火星人は、今日の女性を幸せにする方法を知らない。昔と比べて、男女関係の幸せの方程式はすっかり変わってしまったんだ。男性諸君、現代の女性は不幸せなんだよ！ このことに気づいてる？」

ジョンはそう言うと、側に飾られていたバラのアレンジメントに手を伸ばし、赤いバラを一本だけ抜き出しました。つぼみが開き始めた直径5センチもある大きなバラで、茎は50センチを優に超えていました（花屋さんから聞いたことがあるのですが、花の価値は「茎の長さ」だそうです。僕はバラの茎を「かさばるから」という理由でカットしてもらっていましたが、もったいない話です）。

大きな花びらの真っ赤なコロンビアン・ローズを見つめ、長い茎の上の方を右手の親指と人差し指でつまみ、ジョンは目をつぶりながらバラの香りをかぐ仕草をします。すると、どうでしょう！　会場を埋め尽くしている女性からため息が「まあ〜」とこぼれたのです。

「赤いバラは今も昔も『愛と情熱』の代名詞。見てくれ、素敵なバラじゃないか！しかし、男性と女性は違った目でこのバラを見る。そうじゃない？　女性はこのバラを『まあ、美しいわぁ』と見る。男性はこのバラを『高価そうなバラだな。一体いくらなんだろ？』って見る」

これには、思わず大笑いしてしまいました。確かにその通りで、実際そのときも僕は、「高そうなバラだなぁ〜」と考えていたからです。しかし、女性たちの「まあ〜」からは、値段のことを考えているようには感じられませんでした。僕の隣には、地元サンタ・アナから参加していたジュディという、とても美しい50代の女性が座っていたのですが、ジョンが一輪のバラを持ってステージ前方に立つと、彼とバラを見つめる彼女の瞳は、まるで乙女心に揺れるティーンエイジャーのように潤っていました。ロマンスの力は凄い！

ロマンスと刺激のホルモン〈セレトニン〉

ジョンはここで僕の人生を劇的に変える情報を教えてくれます。

ジョンによると、女性は〈**頻度**〉、つまり〈**回数**〉を重要視する生き物で、女性の心を掴みたいのであれば、1ダースの高価なバラを「たった1回」プレゼントするより、ほんの1輪でもいいから頻繁にプレゼントする方が何百倍もの効果を得られる、というのです。つまり、どれだけ頻繁にその女性のことを気に掛けているか、ということが重要なのです。

もしあなたが男性で、この情報を疑っているのでしたら、是非女性にこう質問してみてください。「**1ダースのバラを1度だけプレゼントされるのと、1輪のバラを12回プレゼントされるのはどっちがいい？**」と。きっと、ほとんどの女性は後者を選ぶはずです。

ジョンの説明によると、バラの花を見た女性の体内では化学反応が起きるそうです。女性の体内にある多数のホルモンのうちの一つ、〈**セレトニン**〉というホルモンと、前項で説明したオキシトシンのレベルが上昇するといいます。セレトニンは通常、女性の体内に男性の約8倍分泌されていて（リンパ液の量と関係しています）、男性に比べて感情の起伏を激しくさせています。

確かにそうです。どう考えても、一般的に、女性の方が男性よりも感情豊かですし、感情を表に出します。

「それはなぜかというと、セレトニン・レベルとリンパ・システムが人間の感情を司っているからだ。セレトニンは〈**ロマンス**〉と〈**刺激**〉のホルモン。つまり、女性はロマンスと刺激を求める。そして、女性の体内のセレトニン・レベルが上がると、女性は満たされてくるようになっている。その結果、女性は幸福感や恍惚感を感じるというわけだ」

あなたの周りに〈**うつ状態**〉の女性はいませんか？　彼女がどうして〈**うつ**〉になってしまうかというと、彼女の人生、つまり日常生活に〈**ロマンス**〉と〈**刺激**〉が決定的に不足していて、セレトニン・レベルがいつも下がっている状態になってしまっているからです。ですから、うつ病やノイローゼに悩む女性がすべきことは、精神科を受診することではなくて、ロマンスと刺激を求め、セレトニン・レベルを上げることなのです。

ここで一つ、ジョン・グレイ博士が教えてくれた、簡単にセレトニン・レベルを上げる方法をあなたにお教えしましょう。とにかく簡単です。どうするかというと……

〈**ぐるぐる回る**〉のです。

これをするとセレトニン・レベルが急上昇するといいます。実際、よく考えてみると納得がいきます。

〈**ジャングル・ジム**〉

〈**遊園地のティーカップ**〉

〈**社交ダンス**〉

ノイローゼやうつ状態の人をこのような場所で発見するのは困難です。ほとんどの女性（女の子も含め）は、ぐるぐる回っているとき、最高の笑顔を見せます。最高に嬉しいとき、試験に合格したときやプロポーズに成功した後など、女性を抱き上げてグルグル回ったことがありませんか（あなた本人は経験がなくても、映画などでそんなシーンを見たことがありませんか）？

つまり、本能的に人間は、どうすれば気持ちよくなるかを知っているのです。自分を抱き上げてぐるぐる回してくれるパートナーがいない？　ＯＫです。自分でぐるぐる回ればいいのです。

卓越した聴く技術が女性を魅きつける

次項で詳しく述べますが、女性の気を引きたい、女性からモテたい、と思うのであれば、女性を幸せにしてあげる方法、すなわち、女性の体内にあるオキシトシンとセレトニン・レベルを上げる方法を一つひとつマスターしていけばいいのです。

その方法の中でも特に効果的で、重要なスキルがあります。それは〈**話を聴く**〉ことです。「火星人と金星人の話」と並んで、ジョンの代名詞ともいえる有名なフレーズをご存じでしょうか？　ジョン・グレイ博士ファンだったらきっと知っていることでしょう。〈**話を聴く**〉スキルに必須のフレーズ、〈**Tell《テル》 me《ミー》 more《モア》！（もっと話して！）**〉です。

実はこのジョン・グレイ博士、トニー・ロビンズの古い親友で、トニー主宰の「マスタリー・ユニバーシティ」の講師の一員でもあります。つまり、彼はトニー・ロビンズ大学の男女関係部門を担当している講師なのです。

トニー・ロビンズの『Unleash the Power Within（内なる力を解き放て）』という4日間の入門セミナーに参加すると、この「マスタリー・ユニバーシティ」のプロモーション・ビデオを見ることになるのですが、ここでもジョンの「Tell me more!」クリップを堪能できます。

もちろん、ジョンのセミナーでも毎回のようにこの話は登場します。

さて、それではこの話をする前に、ジョンの巧みな話術の話をあなたにお教えしたいと思います。なぜなら、この〈**話術**〉こそが、これからお話しするスキルにダイレクトに繋がっているからです。

セミナーが始まる前、ジョンにサインをしてもらおうと列に並んでいたときのことです。僕の前にはたった5人しか並んでいなかったのですが、とにかく列が進まないのです。サイン会であれだけ列が進まなかったのは、後にも先にもこのサイン会だけ、というぐらいノロノロ状態だったわけですが、それもそのはず、一人ひとりのファンとゆっくり話し込んでいるのです。何を話しているのかな、と観察していると、ジョンはほとんど話をせず、ファンの女性たちに話をさせまくっているのです。それも、女性ファンはノリノリで、楽しそうに喋りまくっているわけです。

話をさせまくる……一体どうすれば、このような状態になるのでしょうか？　これがジョンの話術の神髄です。ただ自分が知識を見せびらかし、一方的に喋るのが優れた話術ではありません。彼には〈**聴く技術**〉があり、これこそが女性との会話を盛り上がらせる最高のスキルなのです。

彼らの会話を聴いていて思ったことは、相手の女性に気持ちよく話してもらうために、ジョンが巧みな質問をしていた、ということです。ジョンは自分の話をあまりしないで、〈**褒めて質問する**〉というパターンを繰り返していました。例えば、こうです。

「わぁ素敵なドレスだね！　昨日はクリスマスだったたっけな？」（この日は2月でした）

このように女性を褒め、シャレた冗談的な質問をするパターンが圧倒的に多く、この場合も、「まあ、ジョン、褒めてもらって嬉しいわ。このドレスは主人に買ってもらったものなの。そして、これこれしかじかで……」と話が続くわけです。

相手に話をさせて自分が聴く側に立つにもこういったスキルが存在する、ということです。こういった〈**聴く技術**〉と〈**喋る技術**〉の両方をマスターしている人こそ、真の話術を持っている人だと思うのです。ジョン・グレイ博士は〈**真の話術**〉をマスターしている本物のコミュニケーション・エキスパートなのです。

ジョン・グレイお得意の言葉〈テル・ミー・モア〉

さて、話を元に戻して、「**Tell me more!**」の話を進めましょう。ジョンはこう言います。

「一番簡単に女性を気持ちよくさせてあげる方法がある。それが〈**話を聴く**〉ことだ。残念だが、ほとんどの男性がこの方法を知らないようだ」

ジョンによると、男性はテストステロンの生き物なので、〈**結果**〉を求める行動をしがちです。つまり、〈**プロセス**〉をあまり重要視せず、〈**フィクサー（解決屋、調停者）**〉になってしまう傾向がある、というのです。

どういうことかというと、例えば、あなたがご主人にこう話しかけたとします。

「ねぇ、あなた、今日会社でね、取引先ともめてしまったの。本当に大変だったわ。もうどうしていいか分からなくて……」

すると、大概の男性はこう答えるはずです。

「そんな問題は上司に相談すればいいじゃないか。それで問題は解決するよ（はい、話はこれで終わり！）」

男性はあなたの言葉に、「**解決策を求められた**」と勘違いしてしまうのです。これがジョンの言う、男性が〈**フィクサー**〉と呼ばれる所以《ゆえん》です。

〈**プロセス**〉重要視派の女性であるあなたはがっかりするはずです。「わたしのことはちっとも気に掛けてくれないんだわ」と。実は、笑えることに、男性は、女性がそんなふうに感じているなんてちっとも理解していません。それどころか、問題を解決できたことを誇りに思い、有頂天になっているくらいなのです。

男性のあなた！　女性はオキシトシンの生き物、つまり、〈**プロセス**〉や〈**繋がり**〉を大事にする生き物です。ほとんどの場合、女性は〈**解決策**〉を求めてあなたに話をしているわけではないのです。〈**繋がり**〉を求めようとして話をしているのです。〈フィクサー〉になっては駄目、解決策を言ってはいけないのです。代わりにこう言ってあげてください。これがジョンのお得意のフレーズです。


「**Tell me more！**」

（直訳すると「もっと話して」ですが、日本語的に訳すなら「**それで……**」とか「**うんうん、それから……**」くらいのニュアンスになると思います）」


つまり、解決策を言わないで、女性に気が済むまで喋らせてあげるのです。女性が満足するまで心から聴いてあげてください。「それで一体君は何が言いたいの？」などとは断じて言ってはいけません。解決策を言いたくなっても、グッと我慢してこらえるのです。女性はあなたから解決方法を聞きたいのではなく、あなたと繋がりたいだけなのです。

実際、この事実を証明する興味深い統計にジョン・グレイ博士は言及していました。「皆さん、この驚愕してしまうような統計を知ってる？　何と恋愛相談所やセラピー、そして占い師の顧客の90％以上は女性だっていうこと！　この女性たちは、話を聞いてもらいたいがためにそういった所で1時間200ドルも払っている。1時間200ドル！　話を親身に聞くだけで!?　なんてボロ儲けの商売だ、ははは！　男性諸君！あなたが妻の話を親身に聴いてあげないと、汗水たらして一所懸命稼いだお金をこんなことに使われてしまうよ」

かなり笑えます。そういえばそうです。夜の繁華街などを歩いていると、たまにとても人気のある占い師を見かけます。そこに並んでいる行列を見てみると……女性ばかりです。90％どころではありません。ジョン自身のビジネスの話もしていましたが、実際、彼のところに来るクライアントも90％以上が女性だというのです。

〈もっと話してごらん〉
〈そうだったのかい〉
〈大変だったんだね〉

〈分かるよ、その気持ち〉

といったふうに、解決策を言う代わりに、目を見つめながら、心を込めて愛する女性にこう言ってみましょう。そして、自分は意見を言わないようにして、相手の気持ちを聴き続けるのです。その晩はきっと、彼女が眠らせてくれないくらい燃え上がること間違いなしです。

男性は南から、女性は北から、のセオリー

こんな話を聞いたこと、または、実際に体験したことはありませんか？失恋したばかりの女性が自分の失恋話を話し続けるうちに、目の前にいたどうでもいいような男性とあっという間に結ばれてしまった、なんていう話です。どうしてそんなことになってしまうのでしょうか？

ジョンによると、男性が聴き続けることによって、つまり、女性が喋り続けることによって（自分の問題や悩み事を話すことによって）、女性の体内にあるオキシトシンとセレトニン・レベルが上昇し、その女性は他人と繋がり、ストレスが減り、気持ちが晴れ晴れしてくる、そして最終的には彼女は恍惚感を感じ、本当の意味で（肉体的に）繋がろうとする準備ができてくる、ということらしいのです。

肉体的に繋がろうとする準備ができてくるだって？？？

ジョンは言います。

「男性は南（下半身）から入って、北（頭脳）に抜けるプロセスを辿るけど、女性はまったくその逆で、北から入って南へ行く。女性は肉体的な衝動に駆られるまでに時間がかかるようにできている。だからプロセスが重要ってことなんだ」

そのプロセスというのは、オキシトシンやセレトニン・レベルを上げていく、というプロセスのことです。

ちなみに、オキシトシン・レベルが上がらないと、基本的に女性は男性と肉体的に繋がる準備ができないそうです。逆説的に言ってしまえば、もしあなたが女性のオキシトシンとセレトニン・レベルを上げる術を知っていれば、女性を最高に喜ばせることができ、身も心も繋がることが可能なのです。幸運なことに、もしあなたに意中の女性がいるとすれば、その女性と結ばれる可能性を劇的に高くすることが可能なのです。なぜなら、ジョンはこう説明します。

「一度女性のオキシトシン・レベルが上昇して、ある特定の男性に繋がってしまうと、後々もその男性と繋がってしまう傾向がある。女性の〈I love you（愛している）〉は、実は、〈I bond you（あなたとくっついている）〉という状態が多くて、化学反応（生理反応）でその男性と一緒にいる場合がほとんどだ。ホントは別れたいのに別れられない女性は、この罠にはまっている場合が多いんだ」

では、〈**話を聴く**〉以外に、どうやってセレトニンとオキシトシン・レベルを上げることができるのでしょうか？（次項をじっくりとお読みください）

僕はここで〈**気づき**〉ました。

愛している女性に花を頻繁に贈ろう。
それも一輪のバラを。気持ちを込めて愛を捧げよう。
そして、その女性を幸せにしてあげることだけを考えよう。
愛する女性の話に快く耳を傾けよう。
相手の感情を理解し、
感情移入してあげることが女性の心を開かせるのだから。
愛する女性の前では、
自分のことを喋るより、
心から彼女の気持ちを聴く態度で接しよう。

▼どんな男性でもモテモテ男に変身可能、女性を虜にする4つの秘訣▲

僕には長い間、謎がありました。

どういう謎かというと、一見モテモテ風のイケメン君と付き合っていた女性が彼に対しての不満を爆発させてあっけなく別れたり、カッコいい男なのに女性となかなかお付き合いできなかったりする、このようなミステリーが僕の頭を混乱させました。

それとは逆に、そんないい男でもないのに（ある意味、「ブ男」なのに）、スーパーがつくような素晴らしい女性と一緒になっているケースもよく見てきました。

どうしてだろう？

僕はこの謎に対して、さまざまな女性に意見を求めました。

彼女たちの返答を要約すると、「最低限、最初は顔や体格を気にする。しかし、一度好きになってしまえば、男性の容姿はあまり気にならない」というパターンが圧倒的に多いのです。

そう、男性が女性を評価する基準とは明らかに異なっているわけです。

ジョン・グレイ博士の〈**どんな男性でもモテモテ男に変身させる女性を虜にさせる4つの秘訣**〉をセミナーで聴いて、この謎は完璧に解明されました。

僕はこの話を聴いた後、人生が劇的に変わりました。

きっとあなたも変わることでしょう。

これからお話しする恋愛スキルは劇的な威力を発揮します。

このスキルのポイントは、あなたがお金を持ってなかろうが、変てこりんな顔であろうが、背が低かろうが、太っていようが、ゴリラのように毛深かろうが、最低限、〈**女性の気を引くことができ、その女性を気持ち良くさせ、幸せにできるスキル**〉だということです。

ジョン・グレイ博士から教わったことを簡潔にまとめると、以下のようになります。この知識をただの知識で終わらせず、是非現実の世界で実践して、このスキルの威力を味わい、あなたの男女関係がより素晴らしい状態になっていくことを願っています。

ジョン・グレイ博士によると、セレトニンとオキシトシン・レベルを上げる方法を知っていれば、女性を気持ち良くさせることができ、幸せにすることができる、ということです。

この方法を確実に実践することができれば、結果的に、その女性は否応なしにあなたにくっつきます。

方法は以下の4つに分かれ、すべてを実行したとき、最大の効力を発揮します。

1. Listen《リッスン》 話を聴いてあげる
2. Attention《アテンション》 気づかう、特別視する
3. Compliment《コンプリメント》 褒める
4. Affection《アフェクション》 愛情をそそぐ

〈Listen（話を聴いてあげる）〉は前項で述べた通りです。

とにかく話を聴いてあげる、それも親身に耳を傾けるのです。女性が話している間は邪魔をせず、そして、自分の意見を言ってはいけません。

〈Attention（気づかう、特別視する）〉、これはアイ・コンタクトから始まります。

女性は男性からグッと見つめられると、オキシトシン分泌が始まるのです。でも、決していやらしい目で見てはいけません。「その美しさをありがとう」と、心を込めて彼女に与え返す眼差しをしてください。

そして、女性は特別視されるのが好きです。君は特別なんだ、という態度でいつも接するのです。つまり、あなたの愛する女性をシンデレラやプリンセスのように扱うというわけです。

どうして花をプレゼントするのでしょうか？

どうして助手席のドアを開けてあげるのでしょうか？

どうしてエレベーターに先に乗せてあげるのでしょうか？

すべてのレディー・ファーストは、この〈**女性を特別視する**〉ということに関係しています。

それから、まめに電話をしたりして、彼女を気づかってあげてください。元気？　調子はどう？　声が聞きたくなって、など、何でもいいですから、彼女を心配し、気に掛けていることを表現するのです。

女性は気に掛けられていると感じると女性ホルモン・レベルが上昇し、幸せな気分を感じるようになっています。彼女が落ち込んでいる場合だけではなく、常に気づかってください。

〈Attention〉、これをコンスタントに発揮できるようになると、ほぼ間違いなく彼女はあなたに対して心を開き始めます。


〈**Compliment（褒める）**〉、女性は褒められるのが大好きです。

褒めて、褒めて、褒めまくってください。

でも、褒め方に注意してもらいたいのです。

女性を褒めるには、コツがあります。ポイントは、決して男性を褒めるように女性を褒めないことです。

男性は、行動したことや結果を褒められるのが好きです。例えば、「いい仕事したわね」とか「素晴らしい映画だったわ」と褒められると嬉しくなります。

しかし、女性は違います。

女性に対して、決して「掃除をするのがうまい」とか「タオルをたたむのがうまい」などと言い続けては駄目です。

女性を褒める場合は、その人そのもの、ありのままを褒めてあげてください。

細かいパーツを褒めるなんて、さらにいいです。

「**美しい髪だ**」「**セクシーな唇だ**」「**なめらかな肌だ**」「**素敵な瞳だ**」など、その女性のありのままの存在を褒めるのです。

褒め続けてください。

「**君は僕にとって世界で一番美しい**」、こんな褒め方でもいいです。

もちろん、心を込めて自分が思った通りに褒めてあげてください。

心にもない褒め言葉を言ったとしても、それは通用しません。女性はそういった〈**不一貫性**〉をすばやく感じ取ります。

褒め上手な男になりましょう。

女性は、こういう褒め上手な男性を拒絶することができないようです。

〈**Affection（愛情をそそぐ）**〉、最後はこれです。

男性はここをよく勘違いをします。

この部分はよく注意してお読みいただきたい点です。

ジョンによると、〈**女性は自分の体を触ってもらいたい生き物**〉だそうです。

多くの研究者もこれについて言及しています。

女性は自分に自信を持つためにも、他の人から体にタッチされる必要性があるそうです。

この話を男性にすると、「ああ、なんだ、本当はおっぱいでもお尻でも触られたいんだな」などととんでもない勘違いをしたりする人がいますが、そうではありません。

女性が通常触られたい場所は、男性が触りたい場所ではなく、例えば、髪だったり、背中だったりします。

やさしく愛を込め、そっとタッチしてあげてください。

手をやさしく握ってもいいです。

女性の手にソフトに上から添えるだけでもグッドです。

そして、ここがとても重要です。

〈**女性は抱きしめてもらいたい生き物**〉である、ということを忘れないようにしてください。

しかし、決して勘違いをしてはいけません。

自分が都合のいいときだけ抱きしめるなんて駄目です。

相手に与えられることのできるときだけ抱きしめてあげてください。

コンセプトは〈**与える**〉ということです。

〈**愛情**〉を与えてあげてください。

けっして奪ってはいけません。

是非、愛する女性に愛情をたっぷりとそそいでみてください。

あなたにはきっと素晴らしい未来が待っています。


もう一度おさらいしましょう。

1. Listen《リッスン》　話を聴いてあげる
2. Attention《アテンション》　気づかう、特別視する
3. Compliment《コンプリメント》　褒める
4. Affection《アフェクション》　愛情をそそぐ

この4つの原則をコンスタントに実践しているだけで、あなたの男女関係は飛躍的に向上するはずです。

ご感想はいかがでしょうか？

ワクワクしてきませんか？

さあ、実践すればこれからあなたの運命が変わります。
もう恋愛の負け犬ではありません！
是非、自信を持って、女性をもっともっと幸せにしてあげてください。

さあ、それでは、女性の読者の皆様、たいへんお待たせしました。次項は女性が男性を魅了する方法です。

これにもまた〈**原則**〉が存在します。原則を破らなければ、ほぼ間違いなくあなたが望んでいる現実を手に入れることができることでしょう。

さて、その原則とは……
僕はここで〈**気づき**〉ました。

女性ホルモンの動きには原則がある。
その原則を理解し、女性を気持ち良くさせ、
幸せにすることができる。
僕は愛する女性に対して、
話を聴く、
気づかう、
特別視する、

褒める、
愛情をそそぐ、
頻繁に肌にタッチする。

▼男性を追いかける女性には素晴らしい未来はない!?▲

女性が男性を魅了する方法論に入る前に、どうしても理解しておかなければならないコンセプトがあります。

このコンセプトは、ジョン・グレイ博士が必ずといっていいほどのセミナーでも説明するもので、彼はこれを**〈恋愛の大原則〉**と定義しています。

改めて言うことではありませんが、原則とは普遍的なものであり、原則を破る者は、理想の結果にたどり着くことができません。

これから述べる〈恋愛の大原則〉はジョン・グレイ博士が述べる意見に過ぎませんが、彼が世界一の男女関係エキスパートであるという事実をふまえたうえで、ご自分の現実と照らし合わせてみてください。

彼が必ず言及する、〈恋愛の大原則〉とはこういうものです。

〈(いつの時代でも)男性が追いかけて、女性がそれに応える〉

気づかれましたか？

女性が追いかけて、男性がそれに応える、ではないのです。

男性アイドルを追いかけ続けても恋愛にはたどり着きません。素晴らしい恋愛をしたいのであれば、彼に追いかけてもらわなければいけないのです。

こう考えれば、もっと確実に理解できます。是非イメージしてみてください。

プロポーズの場面、女性がひざまずき、椅子に座っている男性にダイヤモンドの指輪をプレゼントし、「愛しています。結婚してください」とプロポーズするでしょうか？　少なくとも、僕にはイメージできません。もしこんなプロポーズで結婚したカップルがいたとすれば、この男性は間違いなく〈**腑抜け**〉になるはずです。

ジョン・グレイ博士はこう説明します。

「恋愛に平等はない、以上！　恋愛関係を調べてみると、必ずどちらかが相手よりより多く愛しているようになっている。そのより多く愛している方は男性でなければならない。例えば、二人のラブ・パワーの合計を１００％だとすると、男性は51％以上のラブ・パワーを持ち、女性は49％以下のラブ・パワーというバランスを維持するようにする。これを維持できる恋愛関係であれば、その男女関係は半永久的にうまくいくものだ」

つまり、こういうことです。

恋愛中のカップルが、その恋愛を末永く素晴らしい状態で続かせたいと思うのであれば、女性が男性を愛している度合いよりも、男性が女性を愛している度合いの方を大きくさせ続ける必要がある、ということなのです。

そのためには、女性は女性である必要があって、美しい花になって、男性たちを引き寄せる必要があるのです。

どうして女性は着飾るのでしょうか？

どうして女性は化粧をするのでしょうか？

世の中に理由がないものは存在しません。

女性が自分を美しくする、つまり、化粧をし、着飾る、というのは、異性を惹きつけ、交わり、自分の遺伝子を後世に残していく、という本能的な行動から来ているのです。

やはり大事なのは〈美しくある〉こと

女性が男性に幸せに愛されていくには、この〈**女性は男性を惹き（引き）つけるもの**〉という原則をまず第一に理解することが重要だ、とジョン・グレイ博士は力説します。

女性が男性を惹きつけるための4つのファクターを要約するとこうなります。

まず一つ目は、男性が女性に惹きつけられる一番重要なファクター、〈**美しくある**〉

ことです。

男性は永遠に女性の美しさを求めます。

いつの時代でも男性は美しい女性が大好きです（以下に述べるのはジョン・グレイ博士が言ったことではなく、僕個人としての意見ですが、僕は、〈**自分の妻、またはガールフレンドを美しいと思えない男性は、それだけで自分の人生の質を下げてしまっている**〉と信じています。なぜならば、ジョン・グレイ博士の言うように、男性は女性的な美しさを求めるようにプログラムされており、それを得ることによって幸福な感情を味わえるようになっているからです。ですから、女性は自分を愛してくれている男性に、「美しい」と思ってもらえるように日々努力することがとても重要なのです）

世の中で一番美しいものは何でしょうか？

そうです、女性です（是非、芸術家たちに訊いてみてください）。特に、男性にとって世の中で一番美しいものは女性の体なのです。

女性の美しいフォルムは、どんな自然より、どんな芸術品よりも美しいのです。豊かに盛り上がった胸、美しい曲線のウェスト、滑らかな肩、なんて美しいのでしょう！

古来、芸術家はこの美しさを追求し、表現しようとしてきました。

どうして美しいギターはあのような曲線的なデザインなのでしょうか？

どうしてフェラーリは多くの男性を魅了してやまないのでしょうか？

ギターもファラーリも美しい女性だからです。


美しくあること、これは女性にとって絶対的に重要な要素なのです。

女性としての美しさを放棄した女性は、もはや女性ではない、とジョンは言い切っているほどです。

美しくある、とはいっても、これは一概に外見だけの美しさではありません。

言葉の選び方や言い回し、態度、振る舞い、しぐさ、しなやかな動きなど、女性としてのトータル的な美しさを表現するのが重要なのです。

もちろん、髪型や服装などはとても重要なファクターです。

先ほども言いましたように、世の中で一番美しいアートは女性の体なのです。

それを引き立たせる服装とそうでないものの差は歴然で、結果が変わってきます。


もう一度繰り返します。

〈**美しくあること**〉です。

当たり前すぎてガッカリさせたかもしれませんが、これが男性を惹きつけるために最も重要なポイントなのです。

二つ目は、〈**感謝する**〉ことです。

些細なことでも、男性がしてくれたことに対して常に感謝するのです。

ドアを開けてもらったら「ありがとう」と言って微笑みましょう。

重い荷物を持ってもらったときにも「ありがとう」と言って最高の笑顔を見せるのです。

「ありがとう」は男性にとって〈**魔法の言葉**〉なのです。

男性は感謝されるのが大好きです。

ある意味、男性は愛する女性に感謝されたいがために生きているようなものです。

女性に感謝されている男性は、ちゃんと自分が評価されている、と感じるものなのです。

自分はこの女性の役に立っている、と感じられるとき、男性はさらに自分の能力を発揮します。

結果的に男性は、自分が役に立てていると、一緒にいて感じられるような女性をベスト・パートナーとして求めます。

ですから、常に感謝をし、その男性がしてくれていることをきちんと評価してあげることが大事なのです。

そして、その評価をするという意味でも、男性には真似できないスパークするようなまばゆい笑顔を男性に与えることがとても重要です。

とびきり素敵な笑顔を男性に与えてみてください。

「まあ、うれしい。あなたがいてくれてこんなに幸せだわ」という笑顔が、男性をさらに惹きつけていくことでしょう。

結局、男性が究極的に欲しいものは、心から愛する女性の屈託のない最高の笑顔なのです。どんなに仕事やビジネスで成功して、お金持ちになり、愛する女性が望んでいる品物を提供できたとしても、あなたの最高な笑顔がない限り、男性は究極的な幸福感を感じられないようになっているのです。

三つ目は、〈**受け入れてあげる**〉ことです。

この「受け入れてあげる」というコンセプトを、「相手の要求を何でも聞き入れる」というふうにねじ曲げて解釈する女性が時々いますが、勘違しないよう注意してください。

ジョン・グレイ博士が説明しているのは、何でも相手の要求を聞き入れるわけではなく、時と場合によっては「ノー」という返事をすることも必要で、ただ、言い方に気をつけるべきであり、基本的には彼の考え方や存在を受け入れてあげる、ということなのです。

相手の要求を嫌なのに聞き入れているという状態は、我慢しながら相手に従っている状態です。

そうではなく、「まあ、あなたが好きならそれでいいわ」という柔軟な姿勢が「受け入れてあげている」状態なのです。男性にとって、ここには大きな差があるのです。結果的に男性を受け入れることのできる女性は、どんな状況でも楽しめるようになっていますから、男性に対して感謝することができますし、笑顔を見せることもできます。そうなると、男性はもっともっとその女性のことを大事にしてくれるようになっていきます。

つまり、好循環になってくるのです。

「これも嫌、あれも嫌」ではなく、「こんなのもありね、そんなのもありね」という**「まあ、いいわ、それでも十分楽しいもの」**という女性らしい柔軟な姿勢があれば、相手である男性はあなたを尊重し、時折見せる「ノー」にも快く理解してくれるようになってきます。

四つ目は、〈**信頼する**〉ことです。

男性は基本的に頼られるのが好きです（好きな女性からは、なおさら頼られたいものです）。

そして、自分が価値のある存在だということを実感したい生き物です。

ですから男性は、自分が信頼されているときはとても幸福な気分を感じることができます。

気になる彼に電話するにしても、ただ用件を伝えたり、会う約束をするのではなく、何かを助けてもらうようにお願いしてみてください。

特に、彼が得意な分野で頼みごとをしてみましょう。

例えば、彼がコンピューターをいじるのが得意であれば、「コンピューターで分からないことがあって困ってるの。あなたに助けてもらいたいの。あなただったらきっと助けてくれると思って電話したのよ」というふうに、彼を心から信頼している気持ちを表現してみるのです。

〈きっとあなたならわたしのことを幸せにしてくれるはず〉、これはとても相手を信頼している態度であり、信念なのです。

そして、「信頼する」という意味で、最も重要なコンセプトは、相手の男性に**〈自由を与える〉**ということです。

このコンセプトが女性にはなかなか理解できないようです。

もう一度言います。男性はテストステロンの生き物です。自由な時間をとても大切にします。

もしあなたが男性を束縛し四六時中監視しようなどとすると、彼のテストステロンはあなたといることが我慢できなくなってきます。

彼を束縛しようとする行為は、彼を「信頼する」という態度に反してしまうのです。

ですから、彼に自由を与えてあげてほしいのです。

あなたが心からそういう態度で彼に接すれば、彼はゴムバンドのようにあなたのもとへ戻ってくるはずです。

とは言っても、一番重要なファクターは〈**美しくある**〉ことです。

この「美しくある」ということをおざなりにしてしまったら、最大の効果は期待できません。

女性は女性であること自体が美しいのですから、その神様からのプレゼントを無駄にしないよう、日々努力をし、ますます男性を惹きつける輝く女性であってください（これは男性代表としての僕からあなたへのお願いです！）。

ジョン・グレイ博士のさまざまな知恵により、僕の男女関係、恋愛関係、そして、人間関係のスキルは劇的に向上し、より良い運命へ向けて、日々さらに人生を楽しめるようになりました。

この章で説明したことは、決して恋愛だけのスキルではなく、仕事で接している方々や家族とのコミュニケーションでも応用できるものです。上手に活用するかどうかは、あなたの行動力にかかっています。是非ここでは、ジョン・グレイ博士に感謝をし、あなたが歩むこれからの最高の人生に乾杯しましょう。

ありがとう、ジョン、あなたは最高だ！　素晴らしい男女関係に乾杯！

僕はここで〈**気づき**〉ました。

素晴らしい恋愛をするための原則は、
いつの時代でも「男が追いかけ、
女性がそれに応える」ということ。
そのためにも女性は、
美しさという女性の特性を磨く必要がある。
それにしても女性の皆さん、
いつも美しさを男性にプレゼントしてくれてありがとう。
あなたたちの美しさは、
男性をさらに男性らしくさせます。

アラン&バーバラ・ピーズの教え

第4章

僕の気づき

アラン&バーバラ・ピーズ

日本で300万部、全世界で900万部のスーパー大ベストセラー『話を聞かない男、地図が読めない女』の著者。オーストラリアのブリスベン在住。ボディ・ランゲージの世界的権威で、アラン自身は「Mr.ボディ・ランゲージ」と呼ばれている。夫妻を一躍有名にした著『ボディ・ランゲージ』も全世界で500万部という大ベストセラー。トヨタやコカコーラなどのCMモデルでもあったバーバラは、現在彼らの会社であるピーズ・インターナショナルのCEO。「イギリス&オーストラリアいち縦列駐車が下手くそな女」という輝かしい賞をテレビ番組で受賞している。とてもラブラブなおしどり夫婦。

www.peaseinternational.com（英語のみ）

▼何はともあれ、言ってみるものだ‼ 成功者の光速の実行力▲

日本でも大ベストセラーになった『話を聞かない男、地図が読めない女』ですが、実はこの本の存在を2004年になるまで僕は知りませんでした。

かなり笑える話なのですが、ある人に、「ジョン・グレイって『話を聞かない男、地図が読めない女』を書いた人でしょ?」と訊かれ、「たぶんそうだと思うよ（ん?ジョンってそんな本書いてたんだ……）」と嘘を教えてしまったぐらい、この本のことも、そして、この本の著者アラン・ピーズのことも知らなかったのです。

そんな状態だったのですが、ひょんなことからアランと彼の奥さんであるバーバラの〈**付き人**〉をするという光栄にあずかります。そのきっかけは、何気なく発した僕の質問から始まったのです……。

ジョン・グレイのアメリカでのセミナーを終え、日本に帰国した直後、僕はスカイクエストコムのリチャード・タンCEOの通訳をするため全国を旅していました。

通訳の仕事とはいっても、自分がやりたくてやっていただけなので、報酬を頂いたことはありません。もともと、自分が「やりたい！　この仕事をやらせてくれ！」と懇願して手に入れた仕事ですから、別にこの仕事でお金を稼ごうなどと思ったことは一度もありませんでした。

実はこの通訳の仕事をするにあたって、僕には隠された動機がありました。

〈ベストパートナーを見つけ出したかったのです！〉

つまり、結婚したかったのです。だからといって、自分が納得できない相手と結婚するつもりはありませんでした。妥協して結婚するつもりはまったくなかったので、ジョン・グレイ博士が言うように、より多くのさまざまな女性とデートする必要があったのです。

さまざまな女性とデートするには、まず出会いが必要です。普通に暮らしていたのでは、まずこの出会いはやって来ない……そうですよね？　朝から晩までオフィスで仕事をするだけじゃ出会いはやって来ないですよね？　ですから、この出会いの確率を劇的に上げるために、僕は通訳の仕事を引き受け、リチャードたちと一緒に日本全国を回っていたというわけです。

通常、リチャードの講演は50～500人程度のリスナーを集めますから、それを4都市で行なうと200～2000人の人たちと出会えるわけです。彼の話は成功哲学系の話がほとんどですから、基本的に若い女性のリスナーはそんなには多くありません。しかし、なかには若い女性でも「もっと向上したい！　もっと人生を良くしたい！」と、意識レベルが高い人たちが存在するのです。そして、僕が探していたのはそんな女性でしたから、結果的に、この方法は功を奏すのです（詳しくは後ほどお話しします）。

〈CEO〉リチャード・タン、電光石火の行動力

さて、話を本題に戻しましょう。

僕はいつもの通り、リムジンバスを使って一之江のバスターミナルから羽田空港へ向かいました。葛西を抜けて湾岸線を走っていくのですが、観覧車やお台場の景色を見たとき、10年以上も前のまだ何もなかった頃のお台場で、喧嘩しながらデートしていた自分を思い出していました。赤いスポーツカーにブランドものの服、そして、まったく男女関係に関する知識がなかった空っぽの頭。思わずクスッと笑い、もうあの頃の僕じゃないと、先日行なわれたジョン・グレイ博士のセミナーのことを考えていました。

「ジョン！　日本にいつか来てくれるかい？　日本でセミナーしてくれる？」

「もちろん喜んで行くよ。君が僕を日本へ呼んでくれればいい。楽しみに待ってるよ」

う～ん、どうやってジョンを日本に呼ぼうか……。

僕の頭は湾岸トンネルの中でもグルグル回りつづけていました。

羽田空港に到着すると、リチャードと彼の部下たちが待っていました。

「やあ、テリヤキ、久し振り。元気だったかい？」と熱いハグを交わします。

「もちろん元気です。日本は寒いでしょ？」

一年中蒸し暑い国シンガポールからやって来た彼らにとって、日本の3月上旬の寒さは、まるで電気代のかからない効き過ぎたクーラーのようなものです。

ここで、リチャードの説明を改めてしておきましょう。彼はアジアで一番大きなセミナー会社であるサクセス・リソーシーズのCEOであり、ロバート・キヨサキの古くからの親友です。このサクセス・リソーシーズという会社は、アンソニー・ロビンズ、ロバート・キヨサキ、ジョン・グレイ、ブライアン・トレーシーなどの世界一流の講演者を集めて5000人規模のセミナーをすることで有名です。実際、1996年、まだブレークする前のロバート・キヨサキがリチャードの主催するセミナーで前座として講演をし、『金持ち父さん貧乏父さん』フィーバーに火をつけました。その彼が、インターネット版のセミナー・プログラムとして開発したのが「スカイクエストコム」であり、そのプロモーションとして日本全国を回っていたのです。

「朝ごはん食べた？」

「食べましたよ。リチャードはシンガポール航空の機内食を食べてきたんでしょ？

美味しかった?」

「ベリーグッド!　ベリーグッド!」

リチャードはよくベリーグッドを連発します。

奥さんと喧嘩していない?

仲良くやってますよ。

ベリーグッド!　ベリーグッド!

こんな調子です。

基本的には無口な人ですが、ここぞというときには喋りまくるタイプです。ちなみに彼の話す英語は通称「シングリッシュ」と言われる中国語訛りのシンガポール英語で、アメリカ英語慣れしている人たちにはとてもタフな言語です。

この日、羽田から福岡へ行く機内で、僕はリチャードの隣に座りました。窓側の席にリチャードは座っていて、飛行機が離陸すると日本の空をずっと眺めていました。

しばらくすると、退屈したのか僕に話しかけてきました。

「テリヤキ、最近何してたんだい?」

「アメリカに行ってましたよ」と僕は笑顔で返答しました。

「アメリカに何しに行ってたんだい?」

「ロサンゼルスの友人に会いに行ったついでに、ジョン・グレイのセミナーに行って来ました。とても素晴らしくて感動しちゃいましたよ」

「へえ〜、ジョン・グレイのセミナー行って来たの？　どのくらいの時間セミナーしたんだい？」

「セミナーは3時間ぐらいで、サイン会、握手会、昼食会などを含めると6時間でした」

「裸の絵を描いて、愛撫の仕方とか教えてた？」

「ん？　誰がですか？」

「ジョン・グレイだよ」

「いや、してませんでしたよ」

「一度マレーシアで彼がセミナーしたとき、彼が女性の性器の絵を描き始めて愛撫の仕方をレクチャーし始めたんだ。マレーシアでだよ！　会場には厳格なモスリムが大勢いてね。それで、そのなかの何人かが怒り始めたんだ。あのときはまいったなぁ」

「ははは、受けますね」

「いや、笑いごとじゃないよ。もう二度とジョン・グレイはマレーシアへ行けないよ。あんなことしてしまったんだからね。イスラム圏内では無理だろうな」

「ふ〜ん、文化の違いって怖いですね」

こんな会話をしているうちに、ある質問のアイディアが閃きました。リチャードはセミナー主催のプロモーターであり、エキスパートです。僕は思い切ってこう質問してみたのです。

「リチャード、ジョン・グレイを日本に呼びたいんですけど、どうすればいいですかね？　ジョンはいつでも日本に来るって言ってるんですよ」

彼は顔をしかめてこう言いました。

「彼はギャラが高いんだよ。日本じゃ厳しいだろうな……。彼ひとりを呼ぶのは難しいだろうね。何人かとジョイントセミナーさせて、大勢の観客を集める必要がある。そうじゃないとビジネスとしてはうまくいかないだろう。とにかく彼のギャラは高いんだ。元を取るのが大変なんだ」

僕は心の中で、へぇ〜、アメリカではあんなにセミナー代が安いのに、海外ではギャラが高いのか、なんて思わず呟いていました。

「ジョンのギャラの相場はいくらぐらいなんですか？」

「一回のツアーで最低US５万ドルは下らないよ。彼は男女関係では世界で一番の権威だからね」

ひぇ〜そんなに高いのか！　そうとは知らずに軽々しくジョンに「日本に来てくれ」なんて言っていた自分が恥ずかしくなりました。僕がそんなことを考えていると、リチャードは何かを思いついたようで、ブツブツ言い始めました。

「アラン……アラン・ピーズでどうだろう？」

え、アラン？

「誰ですか、その人は？」。恥ずかしくも、僕はこう訊き返してしまったのです。

「アラン・ピーズだよ。知ってるだろ？　『話を聞かない男、地図が読めない女』の著者さ。日本では彼の本の方がジョン・グレイの本よりも知れ渡っていると聞いているよ」

あぁ〜あぁ〜、その本ですか！　アラン・ピーズって人だったんですね。

「そうそう、リチャード、その通りです。その本、日本の人たちはよく知ってます」

「うんうん、彼はギャラもそんなに高くないし、すぐにでも呼べる。彼を呼ぼう」

彼を呼ぶ？　すぐに呼ぶ？　いったいリチャードは何を言っているんだ？

それからリチャードは急に黙り込んでメモを取り始めました。彼は必死に何か考え込んでいるようだったので、僕は邪魔をしないようにしていました。

飛行機はあっという間に福岡空港に到着し、リチャードはタラップから降りると自慢の国際携帯電話を取り出し、誰かと話し始めました。

その間、ものの2、3分。

「テリヤキ、アランが日本に来ることになったよ？」

!?

「え？　どういうことですか？」

「今、アランと話したんだ。是非日本でセミナーしたいそうだ。『スカイクエストコム』主催で彼が日本でセミナーをすることに決まったんだ」

そ、そんなにあっけなく決まってしまうんですね……
成功者って行動に移すのが光スピードのように速い！
僕はここで〈**気づき**〉ました。

とにかく言ってみる。
アイディアが閃いたら、
その夢を実現するのを助けてくれそうな人に話してみる。
考えているだけじゃ駄目。行動する。
成功者はアイディアを迅速に行動に移す。
行動すると結果がついてくる。
アイディアだけじゃ何も状況は変わらない。

▼ジョーク・マシーンがやって来た!!
ベストセラー作家夫妻の素顔▲

話はあっという間にまとまり、アラン&バーバラ・ピーズ夫妻が2004年7月に来日することになりました。

講演は東京、大阪、福岡の3都市で行なわれ、当初、僕が通訳をする予定になっていました。もちろん、いつものように「無報酬でやらしてください」と懇願しました。特に福岡ではオーガナイザーとしての役割もありましたので、ボランティア・スタッフの募集を自分で率先して行なったりもしました。

このアラン&バーバラ・ピーズ夫妻の講演の話が決まったとき、僕は夫妻がスピーチをするものだと勘違いをし、バーバラ・ピーズの英語を通訳してくれる女性スタッフを探しました。しかし結局は、スピーチはアランだけが行ない、アランの通訳も、スカイクエストコム側からでなく、『話を聞かない男、地図が読めない女』を刊行した出版社サイドが用意をするということで話がまとまり、僕は彼らの〈**コーディネーター**〉、いわば〈**付き人**〉、そして、バーバラ・ピーズの通訳をしてもらおうと思っていた通訳候補者たちにはボランティア・スタッフとして手伝ってもらうことに落ち着きました。

どうやって英語を喋れるボランティア・スタッフを見つけたか気になりますか？

それはですね、福岡の天神にあるＩＭＳ（イムズ）のレインボープラザ（国際交流広場）という所の掲示板に募集を出しました。


『話を聞かない男、地図が読めない女』の著者であるアラン＆バーバラご夫妻が福岡で男女関係についてのセミナーを開催します。ただ今、英語を理解できるボランティア・スタッフを募集しております（バーバラ夫人の通訳をしていただくことになるかもしれません）。男女関係論やセミナー・ビジネスに関して興味のある方は、是非ご連絡ください。


掲示板に張りだした文章はこんな感じでした。

結局、21人の女性と面談したのですが、ひとりだけ英語を喋れないのに応募してきたピアノの先生がいました。ある意味凄い行動力です。断られるのを前提として応募してきたわけです（本人はあまり深く考えていなかったらしいです）。

世の中、想像を絶する人がいるものだなぁと思っていたら、彼女は僕の妻になってしまいました。人生わからないものです（この話は後ほどさせていただきます）。

さて、講演はアスファルトもとろけるような灼熱の東京から始まりました。東京講演が行なわれる前日、汗が滝のように吹き出る真夏日、スーツをビシッと着込み、シャツをビシャビシャにさせながら、東京・日比谷にある帝国ホテルにアラン&バーバラ・ピーズ夫妻を出迎えに行きました。

ホテルに到着すると、日本側の他のスタッフもすでに待機していて、アランたちはVIP用の出入り口からチェックインをする手はずが整えられていました。帝国ホテルのVIP専用スタッフと名刺交換をして、「ああ、やっぱり帝国ホテルのVIP専用スタッフは優秀だなあ」と、彼らのマナーの良さに感激したことを覚えています。その主任さんはとても気さくな方で、いろいろな質問に答えてくれました。

「ここにはどんな方々がVIPとして来られるのですか?」

「さまざまなお客さまが来られます」

「例えば、どんな方々ですか?」

「お名前は明かせませんが、海外のタレントさんだったり、政治家だったり、有名な方々が来られています。アラン・ピーズさんも何度も来られていますよ」

へえ、アランも何回も来ているんだ、と妙に感心してしまいました。

ふと、後ろを振り向いてチェックイン・カウンターの横を見ると、何と、オーストラリアとシンガポール国旗が飾られているではありませんか! アランはオーストラリア出身、そしてスカイクエストコムはシンガポール企業だったので、まさか我々のために帝国ホテルが歓迎してくれているのかと思い、主任さんに、「心憎い気配りですね」と言うと、「何がですか？」とキョトンとされてしまいました。

「あの国旗ですよ」

「国旗ですか？」

「そうです。アランがオーストラリア出身、スカイクエストコムがシンガポール企業だって知ってたんですね」

「スカイクエストコムって何ですか？」

「？」

「あの国旗は、今日シンガポールの政治家とオーストラリア出身の有名ゴルファーをお出迎えするためのものです」

恥、恥ずかしい！

すっかり勘違いしてしまいました。

〈女性をハッピーでいさせる男〉とのディナー・タイム

黒くピカピカに光るハイヤーがＶＩＰエントランスにやって来ました。

彼らだ！

直感的に分かりました。

アランは車から降りると、ホテルのサービスマンがいるにもかかわらず、自らバーバラ夫人をエスコートしていました。

おお、やはり一流は違う！

バーバラ夫人はとても背が高く、そのうえハイヒールを履いていたので、アランよりも10センチ以上は背が高く見えました。彼女は真夏だというのにピンクのストールを首にまいて、何か体を気づかっているようでした。彼女はとてもオシャレで、さすがは元モデルという雰囲気を発していました。ちょっと透けたシルバーのワンピースが、彼女の長いブロンドの髪とピンクのストールにとてもよく似合っていて、日本人スタッフが花束を贈呈すると、その美しさはさらに倍増しました。

さて、アランの方はというと、オシャレなバーバラとは対照的で、紺とグレーのよれよれのスウェットというかジャージみたいな、まるで近所のスポーツジムで一汗流した後のような格好をしていました。

こ、これが世界一流のベストセラー作家か……

そういえば、ロバート・キヨサキもアロハ・シャツにハワイ短パン、トニー・ロビンズもポロ・シャツに黒い短パンがお気に入り。僕はといえば、こんなに狂気じみた暑さのなか、フル・スーツで身をかため、汗でビショビショ。ああ、ベストセラー作家になりたい！

彼らは長旅で疲れていたようで、日本人スタッフと軽く挨拶をした後、自室のスイートルームで軽い休息を取ることになりました。

夜になり、帝国ホテルにある日本食レストランでウェルカム・ディナーをすることになりました。バーバラはモデル時代から食生活を徹底しているらしく、時々は魚を食べるだけのベジタリアンでした。ということで、旅先ではヘルシーな日本食レストランを多用するとのことでした。

アランはというと、何でも食べられるらしいのですが、バーバラの影響で精進料理やマクロビオティック料理などをよく食べさせられている、と笑いながら言っていました。

到着したときのアランはいかにも不機嫌そうなジャージ男でしたが、少し休憩して疲れがとれたらしく、夕食の席ではかなり上機嫌でした。

彼を一言で表現すると、ジョーク・マシーン。

冗談ばかり言っているのです。

2割は本当に面白いジョーク、8割は何だか訳が分からないジョーク。彼はひとりでジョークを言っては、ひとりで笑っている、そんなタイプです。ただ、とてもバーバラを気づかっているのが傍からも見て取れました。いつでも彼女を笑わそうとしているのです。彼女にいつでも幸せでいてもらいたい、そんな気持ちが伝わってくるのです。

「テリヤキ、バーバラは妊娠しているんだ。健康のため日本食ばかり食べているから、日本人のような子が生まれてくるかもしれない、はははははは！」と大爆笑しながら、バーバラのお腹をさするアランはとても嬉しそうでした。

アランとは違って、バーバラはとても落ち着いていて、ある意味神経質なタイプなので、アランがいつもジョークを言っては彼女をリラックスさせる、という図式は腑に落ちました。

それにしてもアランは典型的な〈**女性をハッピーでいさせる男**〉でした。僕の周りでも、男女関係を素晴らしい状態にさせているほとんどの男性にはこの形跡が残っています。

女性を楽しませる才能、です。

いつもニコニコしている。

冗談をよく言う。

面白い行動をする。

そして、愛する女性を気づかい、この世で一番大切なものとして扱う。

カッコいいだけでつまらない男性ほど、女性にしてみれば味気ないものです。

アランを見てください！　見かけはそんないい男でもなく（ごめんなさい）、一歩間違えれば肥満体。しかし、彼はベストセラー作家であり、いつでも洒落を言って妻を楽しませる最高の男なのです。その結果、自分よりも何十歳も若い、元モデルで金髪美人のバーバラを満足させているのです。

もう一度繰り返します。
アランにはいつでも〈**女性の心を魅了する力**〉があるのです。

アランにはいろいろなジョークを教わりましたが、そのなかでも特に不可解だったものがあります。それはこんなジョークでした。

「テリヤキ、デニス・ウェイトリー博士って知ってる?」

「はい、知ってます」

「彼と一緒にセミナーやったときね、彼から教わったことで『これは素晴らしい!』と思ったことはたった一つしかなかった。あとの情報はもうどうでもいいようなものだったけど、これだけは最高だった。知りたくない?」

「はい、知りたいです」

「じゃあ、右手を貸して」

彼はそう言うと、僕の右手を掴み、テーブルの端に押さえつけました。そして、僕の親指を右手で握り締め、上下に素早く動かし始めました。

僕からすると、それは何か「ポンプを動かしているような動作」に見えましたが、アランは大きな声でこう叫んだのです。

「さあ! テリヤキ、首を切って!」

首？　いったい何を言っているんだ？

「早く早く！　首を切って！」と言いながら、僕の左手を掴み、空手チョップのようなポーズをさせて、アランの右手と僕の右手を切り離すような動作をさせました。

カタカタカタ……

僕の右手はカタカタと振るえたままでした。

「鳥のギロチン」

な、なんだ、そりゃ？

ガハハハハハ！

アランの大笑いが帝国ホテルの和食レストランにこだましていました。

根っからの子供心を持った人です。

僕はここで〈**気づき**〉ました。


いつも女性を楽しませることの出来る男でいよう。女性のまばゆいばかりの笑顔を引き出すためにも、笑いのセンスは必要だ。僕はいつも笑いで溢れている人間でいる。そして、子供心を忘れない。

▼いつでも人を気づかう謙虚な姿勢、飾らない物ごしこそカッコいい▲

「テリヤキ、そのロレックス見せてくれる?」と言って、アランは子供がクリスマス・プレゼントを欲しがるような眼差しで僕の金のロレックスに手をやりました。ロレックスを腕から外し、アランに手渡すと、「ありがとう、テリヤキ。わぁ、これ素晴らしいなあ! バーバラ、見てごらんよ。ダイヤモンドがちりばめてあるよ!」と、まるでドラマの役者のように、身振り手振りでバーバラにロレックスの説明をしていました。

振り返って僕の方を見ると、ニヤッと笑い、「僕も同じロレックスなんだよ。ほら、見てごらん。もう10年以上も愛しているんだ。このタイプよりずっといいのはたくさんあるけど、これが好きなんだ。愛しているんだよ。まあ、バーバラよりは愛していないけどね」と言って、彼のロレックスを見せてくれました。

バーバラは隣で、「まあ、ありがとう。嬉しいわ」と言って笑っていました。

まったく同じデザインのロレックスでした。違いはダイヤモンドがちりばめられていないだけでした。

「君の宝物を見せてくれてありがとう。本当に素晴らしい時計だね。君にぴったりお似合いだよ」

アランはそう言うと、日本式の深々と頭を下げるお辞儀を丁寧にしました。

〈結局、お前もアランもロレックスを持っているって言いたいんだろ？　そのうえ、お前のはダイヤモンド付きだから自慢したいんだろ？〉

ははは、その通りかもしれません。そして、この話を持ち出したからには理由があります。

どうしてこのような話をしているかというと、彼の謙虚な姿勢を説明したいからなのです。

彼は大ベストセラー作家であり、世界一流のスピーカーで、そのうえ大金持ちです。ブリスベンの大邸宅に住み、メルセデス・ベンツやBMWを何台も所有し、世界中のスイートルームを満喫しながら旅をしています。

読者の皆さんのなかには、これからお伝えすることを理解しにくい方がいるかもしれません。しかし、事実は事実。是非、あなたの周りの現実、つまり、あなたの周りの人々とこの事実を照らし合わせてみてください。

〈真に人生を楽しんで成功している人はまったく偉ぶっていない。不必要な威圧感や虚栄心をまったく感じさせない。

そして、常に謙虚な姿勢を見せる〉

僕が今まで出会ってきた世界の大成功者たちの共通した特質です。

例外は一切ありません。

ジェームズ・アレン風に言えば、〈**宇宙の秩序**〉であり、〈**宇宙の法則**〉です。

逆説的に言えば、もし一見成功者風に見えるその人が、意味のない威圧感を感じさせていたり、見栄を張っていたり、傲慢な態度を取っていたとすれば、その人が〈**偽物**〉である確率はかなり高いと言えます。

成功にはさまざまな形がありますから、一概に「これが成功だ」とは口が裂けても言い切れません。大体、成功とはいっても、どの分野で成功しているんだという質問が残ります。ビジネスで成功しているのか？　投資で成功しているのか？　会社で成功しているのか？　男女関係で成功しているのか？　人間関係で成功しているのか？　健康で成功しているのか？　などです。

しかし、その人が楽しんで、そして、ストレスなく幸せを感じながら成功して生きているかどうかは、はっきりとした境界線があるのです。

そして、それは女性の扱い方にも、その形跡が顕著に現われます。

男性は人を気づかうのが不得意です。それは、ジョン・グレイの章でも説明しましたが、男性ホルモンであるテストステロンがそうさせるからです。しかし、このテストステロンの言いなりになって自己中心的で傲慢な生き方をすると、現代の社会から〈**負け犬**〉のレッテルを張られるような惨めな男性になるのが関の山です。

どうしてでしょうか?

何度でも言います。現代は〈**情報の時代**〉だからです。ほとんどの女性はもう事実を知っているのです。そして、ロマンスを求めているのです。

ジョン・グレイの章で説明した通り、女性は褒められるのが大好きです。特別視されるのがたまらないわけです。これはコンスタントに行なわれる必要があります。

アランはまさにこれを実践していたのです。自分の妻を誰よりも気づかい、自分の妻にでさえ謙虚な姿勢を示す。そして、女性だけでなく、周りの人々にも同じように謙虚な姿勢で対応していく。もう九州男児がカッコいいという時代は終わったのです。日本の男性諸君、目を覚ましましょう! 女性はもう知っているのです。

あなたはこの事実を知っていますか? ある調査会社が統計をとったところ、世界一人気のある国の女性は、何と、日本の女性だったのです。世界一です! それに対して、日本の男性はというと……50位以内に入っていなかったそうです。蓋をして隠したくなるほど痛みのある事実です。

人間は嘘をつきますが、数字は嘘をつきません。素直に事実を認めるときです。そうでないと、素晴らしい日本女性を今後ますます外国人に奪われていってしまいますよ。それでもいいのですか?

ポイントはこれです。

気づかうことを楽しみ、謙虚な姿勢であることをカッコいいと思うようにすればいいのです。

そういう時代なのだ、ということを、自分の頭と肉体に叩き込んで、太い鎖でつながれた習慣のようにしてしまえばいいのです。

面白い逸話があります。

アランとバーバラにある質問をしたときです。

「オーストラリアやイギリス（彼らの活動の主な場所）で、ラジオやテレビ番組によく出演しているのですか？」

「ああ、よく出ているよ。バーバラの方が人気があるんだ」

ここでもこの姿勢です。妻を気づかっているのです。褒めているのです。特別視しているのです。

そういえば、ジョン・グレイも同じようなことを言っていました。

「多くの人が僕の妻にこう言うんだ。『ジョンと結婚できてラッキーですね』って。どうして、もっと女性を気づかう姿勢を示せないのだろう？　本当はこう言うべきなんだ。『あなたと結婚できて、ジョンはラッキーですね』って」

同じです！　この人たちはここまで自分の愛する女性のことを考えているのです。

ちなみに、バーバラはなぜテレビで人気があったかというと、〈オーストラリアで一番縦列駐車の下手くそな女〉として認定されたそうで、そのときのことを二人は楽しく話していました。

「本当に光栄さ。何といったって〈オーストラリアで一番縦列駐車の下手くそな女〉の側にいられるのだから。バーバラ、愛しているよ」チュッ！

僕はここで〈**気づき**〉ました。

> 女性をいつでも気づかえる男性でいよう。
> 僕は偉ぶらない。いつでも謙虚な姿勢でいられる自分をカッコいいと思うようにしよう。
> そして、その他大勢の人たちも気づかい、そして、謙虚な姿勢で接することによって、ありとあらゆる富と幸せが運ばれてくることを理解する。

▼舞台裏でバーバラとダンス、愛する女性の笑顔こそが宝物▲

大阪では思い出に残る出来事が二つありました。

一つは、ＩＭＰホールという会場で講演をしたのですが、そこから見える大阪城が美しく、アランとバーバラがとても大喜びして何枚も写真を撮っていたことです。

講演が終わり、タクシーを呼んでいたのですが、運転手が待ち合わせ場所を勘違いしてしまって身動きが取れなくなりました。それでもアランたちは怒るどころか、美しくライトアップされた大阪城を見つけて、大喜び状態。結局、写真撮影会になってしまったのです。

「テリヤキ、この角度がいいな。こっちから撮って」

「まあ、本当に綺麗だわ」

アランもバーバラも終始はしゃぎっぱなしでした。

確かにこの夜の大阪城は美しく、幻想的なライトアップの演出もあり、日本のお城を見慣れない外国人にとってはまるで黒澤映画の名作を観ているような感じだったのでしょう。

「テリヤキ、必ず写真を送ってくれよ。絶対だぞ」

アランは何度も念を押していました。


そしてもう一つの出来事は舞台裏で起こりました。

僕はコンサートホールを数多く知っているわけではないのですが、ＩＭＰホールはちょっと変わった構造になっていて、出演者用のエレベーターから楽屋まで行くのに、ステージを左から右へ横切っていかなければなりませんでした。ですから、あまり自由に楽屋の外を動けない仕組みになっていたのです。

事実、アランたちは楽屋にこもりっぱなしで、本にサインをしたり、用意されていた弁当を食べたり（バーバラは嫌そうな顔をして手をつけていませんでした）、お茶を飲んだりしていました。

この大阪講演ではスタッフが少なくて、僕も舞台セッティングなどをサポートしなければならなかったので、あまり彼らのお相手を出来なかったのですが、『話を聞かない男、地図が読めない女』の出版社の方々や『世界No.2セールスウーマン』でおなじみの和田裕美さんが楽屋に来て、アランたちと楽しい時間を過ごしていました。

「テリヤキ、私のランチボックス（弁当のこと）も食べていいわよ」とバーバラが言うので、「いえ、僕はもう食べましたし、お腹いっぱいです」と答えると、「なんだ、じゃあ僕が食べるよ」とアランが再び弁当を食べ始めました。ホント、よく食べる人です。ちなみに、アランはわざとゲップを大きな音でさせる技を持っていて、よく僕の前でゲップをしてはひとりで大笑いしていました。この件に関しては、「面白い！」という意見と「下品だ！」という見方に分かれ、賛否両論があると思いますが、とりあえず彼を許してあげてください。彼はこれがいけない行為なのだという事実を知らないだけなのです。

開演直前、ピーズ夫妻は何をしたか？

さて、講演が始まる5分前、会場を覗いてみると聴衆はほとんど着席しておらず、ぎりぎりに入場してくる方々が多かったので、講演の開始時間を少し遅らせることになりました。

アランは緞帳《どんちょう》越しに客席を眺め、「おいおい、大丈夫かな。お客さん、時間を間違えてるのかな？」なんて呟いていました。顔は少し硬直し、笑いが消えていました。やはり一流の講演者でも、聴衆の少ないスピーチはやりにくいようでした。逆に言えば、一流の講演者だからこそ、お客さんが少ないスピーチがやりにくいのかもしれません。

余談ですが、あるときアランに「テリヤキは何をやっている人なの？」と訊かれ、「僕も講演者です。日本一のスピーカーになりたいと思っています」と言ったことがあります。

「どうして世界一じゃないの?」

「だって、あなたやアンソニー・ロビンズがいますから……」

彼はその瞬間、目がなくなってしまうほどの笑顔をつくり、喜びの表情を爆発させていました。

「ありがとう、テリヤキ! そうそう……」と言いながら、彼は自分のスーツケースの中から一冊の雑誌を取り出しました。

「このマガジンを読んでるかい? 君が素晴らしいスピーカーになるのをきっと助けてくれると思うよ。これはプレゼント」と言って、その雑誌を僕に渡してくれました。

その雑誌の表紙には、『スピーカー・マガジン』と書かれていました。

僕はこのとき二つのことに驚いたことを覚えています。一つは、世の中にはこんな雑誌まであるのかということと、もう一つは、アラン・クラスのスピーカーになってもやはり勉強を怠らないのか、という事実です。

やはり、日々精進、コンスタントに勉強し続けることが大事ということの証です。


話を戻しましょう。

お客さんが着席し、会場が埋まり始めました。そして、もうそろそろ講演がスタートするというとき、バーバラが控室から出てきました。

緊張しているアランを見つけるとバーバラは彼の前に立ち、何気なくネクタイを直してあげていました。バーバラは笑顔を見せ、軽くウィンクをしました。すると、どうでしょう！　今まで硬直していた表情が一気に柔らかくなり、バーバラを見つめ、満面の笑みを見せたのです。

分かってはいることでしたが、女性の〈**笑顔の力**〉というのは本当に男にとって〈**魔法**〉です。何というパワーでしょう！

そして、もう一つの思い出に残る出来事が起こったのは、ここからです。

ネクタイを正してアランに笑顔を見せたバーバラ、微笑み返すアラン、そして、彼は急にバーバラの手をとり、もう一方の手を彼女の腰に手を回しました。

バーバラはちょっとびっくりしていましたが、ニコニコ笑っていました。

そして……

彼らは、ダンスを踊り始めたのです！　講演直前の舞台裏で、です！

タラリラ〜♪　タッタタッタ♪　タラリラ〜♪　タッタタッタ♪

まるで舞踏会でワルツを踊っているような優雅な踊りで、二人ともリラックスした表情を見せていました。

この光景を見て、ただただ、感激しました。

アランの生き様が僕を感動させていたのです。

何て人生を楽しんでいる男だろう！　僕もこんなふうに人生を生きる！

僕はここで〈**気づき**〉ました。

真の喜びを知ろう。
人生を最高に生き切ろう。
僕にとって、愛する女性の笑顔は宝物。
そして女性はダンスが好き。
男性に優雅にエスコートしてもらうのが好き。
ハーモニーを奏でるような、
芸術的な男女関係を築いていこう。

▼理想のパートナーの見つけ方
あなたのベストパートナーはどんな人ですか？▲

福岡は僕にとって特別な街です。

2004年までは一度も訪れたことがありませんでしたが、アラン・ピーズ講演のおかげですっかり博多通になり、そのうえ、お嫁さんまで福岡からいただくことになってしまいました。

自分の妻がそうだからというわけではありませんが、福岡の女性は美しいです。外見はもちろんですが、心の中も美しい女性が多いのです。きっと、海や山が近くにあり、大きな工場もなく、空気が綺麗で、環境が素晴らしいので女性が美しいのだと思います。

そのうえ、若い女性が非常に多く、天神あたりではおそらく70%を超えているのではないでしょうか。最初に天神を訪れたとき、あまりに美しい女性が多かったので驚いてしまったほどです。道を歩いていても、ほとんど女性しか目に映らない状態です。話を聞いてみると、成人になった男性は職や成功を求め、東京や大阪へ出て行ってしまうそうです。なんとももったいない話です。

さて、前述したように、妻を発見したのは福岡です。彼女は僕の〈**ソウル・メイト**〉であり、〈**ベスト・パートナー**〉です。

彼女はアランの講演のボランティアとして、ただひとり〈**英語が分からない**〉のに応募してきた女性です。初めて会ったとき、「綺麗だな」とは思いましたが、正直言ってあまりのズッコケぶりに、まさか自分の妻になるなどとは想像もできませんでした。しかし、人生は面白いものです。アランの講演のおかげで彼女と出会い、アランの教えで僕は彼女を〈**発見**〉することになるのです。

特別な街での特別な出会いがあった

福岡講演の当日、アランとバーバラ、そして、僕の3人でグランドハイアットのレストランへランチに行きました。いつものようにバーバラからリクエストがあったので、お惣菜が選べるバイキング形式のランチを選びました。この日もバーバラはカラフルなワンピースに身を包んでいて、その背の高さもあいまって、他のお客さんの注目をひとり占めしていました。かたやアランはもちろん、ジャージ姿です。

「ああ、テリヤキ、ありがとう。ここの味噌スープはとても美味しいわ」

バーバラは美味しい料理のせいもあってご機嫌でした。

アランのお皿を見ると、ここぞとばかりにありとあらゆる料理が山盛りに載せられていました。お肉やお魚もたくさん載っていました。バーバラに付き合って、ずっと菜食主義というわけにはいかないようです。アランは何もお喋りをせず、美味しそうに料理を黙々と口に運んでいました。

バーバラはとても知的な女性で、これから生まれてくる子供のための栄養学やエクセサイズの話などを熱心に説明していました。と、そのとき、アランがいきなり口を開きました。

「テリヤキ、君は結婚してるのかい？　子供はいるの？」

「いや、結婚していません」

「ガールフレンドは？」

「いません。今、探しているんです、僕のベスト・パートナーになる人を」

ふ〜ん、という顔をしてアランはまた猛烈に食べ始めました。

僕はこのとき、何かを感じていました。

チャンスだ！　今はチャンスなんだぞ！　目の前にエキスパートがいるんだ、チャンスだ！

「アラン、質問していいですか？」

「もちろんだとも！　何でも質問して」

「どうやってバーバラのような素敵な女性を見つけたのですか？」

アランはフォークの手を止め、ニヤリと笑いました。

「バーバラとはセミナーで出会ったんだ。初めて彼女を見た瞬間にピンと来たよ。彼女だ！　って」

「どうしてそれが分かったのですか？」

「テリヤキ、君は理想のパートナー像をリストアップしてるかい？」

「どういう女性がいいかってことですか？」

「そう、紙に書いてるかい？」

「ええ、一応書いていますよ」

　バーバラが隣でクスクス笑っていました。

「じゃあ、今ここで書いてみて。はい、ナプキン、ここに書くんだ。バーバラ、ペン貸して」

　こりゃまいったな、と思いましたが、アランはどんどん話を進めていきます。

「まず、国籍は？　オーストラリア人がいい？　アメリカ人がいい？　日本人がいい？」

「う〜ん、愛しているんだったら、どこの人でもいいです」

「あぁ駄目駄目！　それじゃリストアップにならない。〈**ベストは？**〉って考えるんだ」

「やはり日本人ですね。お互いに共通の文化を理解しているし、それに、親族同士がコミュニケーションしやすいので」

「日本人ね。次は、髪の色だ。ブロンド？　ブルネット？　赤毛？」

「ははは、アラン、日本人にブロンドや赤毛はいませんよ。偽物ブロンドはいますけどね。僕は黒い髪が好きです」

「ブルネットね。じゃあ、目の色は？　ブルー？　ブラウン？　グリーン？」

アランはまったくマイペースです。

「(だから日本人にはそんな人いないって！) ブラウンです」

身長は？

体重は？

職業は？

住んでいる場所は？

趣味は？

服装の趣味は？

このような質問が延々と続きました。そして最後に、アランはこの質問をしたのです。

「年齢は？　どれくらいがいい？」

バーバラが目の前にいたので少し躊躇《ちゅうちょ》しましたが、正直に言いました。

「25歳までです。どうしてかというと、25歳以下の女性とそれ以上の女性とでは、初・産・の・場合、奇形児や障害を持って生まれる確率に大きな差があるという統計がありま す。特に日本の場合、奇形児出産率は世界一だと聞いています。ですから25歳以下がいいです」

　思った通り、この話を聞いてバーバラは不愉快そうな表情になってしまいました。「初産の場合です」と繰り返し言ったのですが、やはり女性の前では〈**年の話をするな**〉ということなのでしょう。

「ＯＫ、テリヤキ、このリストを毎朝毎晩、読み返すんだ。毎日だよ。そして週に一回、リストを微調整する。〈**これは違うな**〉と思ったら、書き直すってこと。今だってそう。今はナプキンに書いただろ？　これを今晩ちゃんと清書する。そして読み返す。今晩の宿題だよ」

「それで、その後はどうすればいいんですか？」

「ん？　何もないって言ったら嘘になるけど、とにかく毎朝毎晩リストを読み返すのが大事だ。必ずめぐり逢えるよ。そして、より効率的にそのベスト・パートナーにめぐり逢いたいのであれば、そのリストに書かれたベスト・パートナー像の女性は、どんな場所に現われるのか？　ってことを考える。

　僕の場合はこうだった。僕はビジネスの会計やマネージメントが苦手で、自分のベスト・パートナーは〈**会計が得意**〉〈**ビジネス・マネージメントが得意**〉ってリスト・アップしていた。そういう女性が集まる場所はどこ？　そう、そういうセミナーが開催される所でしょ」

　ああ、なるほど！

「バーバラはそういう女性だったってわけさ。ホント彼女は最高、愛してるよ、バーバラ」

そう言ってアランはバーバラの肩を抱き寄せ、チュッと唇にキスをしました。

「まあ、ダーリン」

バーバラは瞳をうっとりとさせながら、アランの胸を優しくさすっていました。

こ、これだ！　僕が欲しいのはこの感じなんだ。

さすがアラン・ピーズ！


僕はその夜、ホテルで理想のパートナー・リストの清書をしました。その中に、いくつか大事な項目がありました。この3つです。

①一緒にビジネス活動を行なえる。
②両親がいる（家庭環境がしっかりしている。親と仲が良い）。
③ピアノが弾ける（最低何かの楽器を弾ける）。

お分かりだと思いますが、この3つの項目だけでもかなり絞り込めてしまうのです。リスト・アップは〈**レーザー・ビーム**〉です。狙ったターゲットだけに焦点を当てるのです。余計な、無駄なターゲットに時間を費やさないようにするのです。結果的にまわり道をしませんから、最短で理想のパートナーにめぐり逢うようになっているのです。

実は、この夜、僕はのちに妻となる女性とグランドハイアット・ホテルで出会っていました。しかし、このときはまったく気づいていませんでした。気づいたのは4カ月後、男女関係のセミナーを僕自身が行なっているときでした。このセミナーで、アランから教わった「理想のパートナーを見つける方法」を受講者たちに教えているとき、突然ピピピッと来たのです。

なぜその4カ月の間、彼女がベスト・パートナーであるということを感じられなかったかというと、僕のリストにはこの2項目があったのです。

＊英語が話せる。
＊25歳以下。

その当時、彼女は26歳で、英語はまったく話せませんでした。

ただ、アランの教えを思い返していて、彼がこう言っていたのが急に脳裏をよぎったのです。

「リスト・アップは〈**ディレクション**〈**方向**〉〉を決定するものだよ」と。

つまり、リスト・アップされた条件を完全にはクリアしていなくてもいいのです。方向性さえ間違っていなければそれでいいのです。

彼女は25歳プラス1歳でしたし、これから英語をマスターしようとしていました(今現在、僕のもとで猛烈に英語を勉強中です)。

東京での男女関係のセミナー中、彼女はニコニコと笑顔を絶やさずに僕のセミナーを聴いていました。その彼女のまばゆいばかりの笑顔を目にして、「ああ、彼女だ！彼女のためだったら、自分の人生を捧げることができる」と、僕の心がひとりでに叫んだのです。

セミナーが終わったその夜、彼女が泊まっていたホテルでプロポーズしました。

ちなみに、僕たちはボーイフレンドとガールフレンドの関係、つまり、付き合った時間がありません。

プロポーズの言葉は、アラン・ピーズとジョン・グレイ博士から学んだことを実践しました。

どういうふうにプロポーズしたか気になりますか？

この本で告白してしまうと妻に怒られてしまうので、僕の男女関係のセミナーでこっそりとお教えしますね。

僕はここで〈**気づき**〉ました。

恋愛を成就させるためにも
リスト・アップは効果的。
毎日読み返されたリストは心の奥、
潜在意識に落とし込まれ、
無意識のうちに人間をゴールに向かわせる。
しかし、リストは絶対的なものではなく、
あくまでもディレクションを
決定するものだということを理解する。

第5章

ジョン・フォッピの教え
僕の気づき

ジョン・フォッピ

生まれながらに両腕のない、アメリカを中心に活躍する世界的なモティベーショナル・スピーカー。ローマ法王、アメリカ海軍、NFLやMLBなどのプロ選手を前にしての数々の伝説的な演説で一躍有名になる。1993年、「最も傑出した米国青年10人の1人」に選出される。セールス・スキルで著名なジグ・ジグラーの愛弟子。ジグ・ジグラー・コーポレーションで働いていたこともある。ジグのもとで修業した後、自身の会社であるジョン・フォッピ・セミナーズ会社を立ち上げる。著書『あなたの言い訳は何ですか？（WHAT'S YOUR EXCUSE?　未邦訳）』やビデオ・プログラム『Armed With Hope』など、数多くのモティベーショナル・ツールを世に送り出している。現在、クリスティーン夫人とミズーリ州、セント・ルイスで暮らしている。

www.johnfoppe.com（英語のみ）

▼両腕がなくったって、ジュースも飲めるし、車の運転だってできる！▲

2004年5月、シンガポールのインドア・スタジアムで行なわれたナショナル・アチーバーズ・コングレス（National Achievers Congress＝NAC）というメガトン級のセミナーに、僕はVIPゲストとして参加しました。

このNACというイベントは毎年ワールドクラスのスピーカーを世界中から集め、二日間にわたってそれぞれが専門分野のセミナーを行なっていくというものです。毎年集まるスピーカーの数は7、8名で、1995年には『私に売れないものはない』で著名な世界一のセールスマン、ジョー・ジラード、1996年には「金持ち父さん」ロバート・キヨサキなど、数多くのスーパー講師陣たちが熱弁をふるってきました。

僕が参加した2004年に限っては5名のスピーカーが参加したのみでしたが、内容はとても価値のあるものでした。

その5名は、日本でも有名な『実践！　億万長者入門』や『ワン・ミニッツ・ミリオネア』の著者で不動産エキスパートのロバート・アレン、交渉や営業エキスパートのトム・ホプキンス、フランチャイズやビジネス戦略エキスパートのクリス・ニュートン、スピーカーとしても超一流の聖職者ドクター・トニー・カンポロ、そして「両腕のない」ジョン・フォッピという面々で、バスケット・ボールの試合やロック・コンサートなどが行なわれるインドア・スタジアムで約5000人の観客を集めて開催されました。

僕はもともとロバート・アレンのセミナーだけが観たくてシンガポールを訪れました。事実、他の4人に関しての知識はまったくと言っていいほどありませんでした。ところがセミナーが終わってみると、僕が感銘を受けたのはロバート・アレンではなく、セミナー2日目のトリを務めた小柄なアメリカ青年、ジョン・フォッピだったのです。

他の4人の講演が終了し、僕はいつものように最前列中央の〈**億万長者の席**〉に陣取っていました。僕はVIP招待客でしたから、赤いカーペットが敷かれているステージから2メートルも離れていない最高の席で彼の出番を待っていました。

しばらくすると、セミナー会場にはとても不似合いな、モデルのような背の高い金髪女性がVIP席に腰を下ろしました。黒いスーツを着こなした身長175センチほどのスラッとしたメグ・ライアン風の女性で、その美しさは会場にいた男性たちの視線を独り占めにしていました。

その美しさとは裏腹に時おり見せる不安げな眼差しに、僕は彼女がこれからステージに登場するジョン・フォッピの恋人、または妻だと判断しました。

ジョン・フォッピがステージに登場した瞬間、やはり目立っていたのは両腕がなく、だらりと無気力に垂れ下がっているスーツの両袖でした。

この170センチにも満たない小柄なアメリカ青年は、ピカピカと光る立派なスーツの上着を、その両腕のない体から誰の助けも借りずに、自分自身の肩と頬と口を巧みに使いながらゆっくりと、しかしいとも簡単に脱ぎ取りました。そして、紺色に光るスーツの上着を椅子の背もたれに掛けると、彼は靴を脱ぎ捨てて、日本から取り寄せているという自慢の「足袋《たび》ソックス」を観衆に披露しました。腰から太腿にかけての筋肉の発達した彼は「だるまさん」のように見えました。長年の凄まじい訓練によって異様に膨れ上がった太腿の筋肉は、彼が特殊な能力を身につけていることを示しているようでした。

椅子に座ると彼はテーブルに置いてあった350mlの缶コーラを両足で床に運び、左足で缶を固定しながらプシュッと栓を抜き、グラスに注ぎました。そのグラスを右足の親指と人差し指だけを使い、まるで優雅に足を組むように左ひざの上まで持ち上げ、身を屈めてコーラを飲み始めました。

「ああ、美味しい」

彼がそう言うと、観客はどっと笑いました。

「おっと、今何時だろう?」

彼は左腕、いや、左足首にはめた金色に光るロレックスの足時計に目をやって椅子から立ち上がり、靴を履いて何ともいえない憂いの目で観客を見つめました。

約2秒ほどの間をおいて、彼は静かに、しかし、力強く話し始めました。

「皆さんはこのステージに立っている両腕のない男を見て、〈**きっとこの人は今まで大変な人生を送ってきたに違いない**〉と思われたことでしょう。事実、わたしはありとあらゆるハンディキャップを克服してきた今でも、毎朝悪夢と闘っています。

実際、今朝もそうでした。自分には両腕がないという現実が私を襲うのです。しかし、わたしは日々人間の可能性というものを学び、わたしの心にはびこる悪魔と闘う術を習得してきました。〈**人間の可能性は偉大です。我々の可能性は無限なのです。わたし自身がその無限の可能性に驚いている一人なのです**〉」

感情の高ぶりでジョンの声は少し震え、瞳は赤く潤んでいました。

ふと左を見ると、先ほどの金髪の美しい女性もジョンを見つめ、瞳を潤ませていました。

「皆さんが今ご覧になったように、両腕がなくてもわたしは自分自身で缶の栓を抜き、グラスに注ぎ、グラスを口まで持っていくことができます。自分一人でジュースだってビールだって飲めるのです。

誰の助けも必要とせず洋服を着替えることもできます。わたしは自分自身の力だけでもスーツを着ることができます。料理だってできます。ベーコンを焼いてハムエッグも作れます。

コンピューターのキーボードで文章を打つことだって可能です。床にキーボードを置いて、両足の親指でキーを叩くのです。車の運転も可能です。皆さんはわたしが身体障害者用の車を言っているのだと勘違いしているかもしれません。違います。オートマチック車であるなら、わたしはすべての車を両足だけで運転します。そして、ガソリンだって自分で入れることができます。**〈人間の可能性は無限なのです！〉**

ここで彼は、自分が車の運転をしているビデオを観衆に披露しました。まず彼の体の柔軟性に驚かされます。右足でアクセルやブレーキのコントロールをし、柔らかくしなる左足でハンドルを自由自在に操作する彼は、まさに悪魔から解放された天使のような無邪気な顔をしてドライブを楽しんでいました。

彼が運転する車はさまざまで、ミニバン・タイプの運転席のスペースが広いタイプから、運転席が窮屈な普通乗用車まであって、いかなる悪条件をも打破してしまう柔軟性には驚きました。

彼はテキサス州で車を運転していて、保安官に呼び止められたそうです。両腕のないジョンが車を運転しているのを発見した保安官は「信じられない！　ありえない！」と絶句し、助手席に座り込んで、彼がどうやって車の運転をするのかを確かめたそうです。

僕が個人的に「凄い！」と思ったのは、直立しながらきちんとバランスを保ち、銀行のATMで紙幣を出し入れする姿です。人目の多い銀行内で、靴を脱ぎ、足袋ソックスの足で紙幣を器用にATMから引き抜く彼は自信に満ち溢れていました。この素晴らしいバランス能力が、異様に太い太腿から作り出されていることは容易に想像できましたし、長年の修練によってあそこまで太腿は太くなるのだという事実に驚かされました。

ジョンのスピーチ中、僕はこの講演が終わったら真っ先に彼のもとへ行ってサインをしてもらおうと思いました。しかし次の瞬間、「ああ、そうだ、彼は腕がないからサインが書けないじゃないか」と不覚にも呟いてしまいました。何というガチガチ頭の頭でっかち、自由な発想のない縛られた思い込みでしょうか。彼が僕の目の前で左足を使って美しく文字を書いた光景が忘れられません。

僕が字を書けないだって⁉　勝手な思い込みをしてもらっちゃ困るな。

まるでそう訴えているような眼差し、ジョンは自信に満ち溢れていました。

僕はこのとき、自分の思い込みの鎖をほどけるだけほどき、ジョンのような限界のない自由な思考パターンと心構えに近づこうと心に誓いました。

僕はここで〈**気づき**〉ました。

人間の可能性に限界はない。
その可能性を生かすも殺すも自分の心のあり方であり、

柔軟な心が無限の可能性を作り出す。
不可能とは、自分が「出来ない」と思っていることであり、
自分が「出来る」と信じた瞬間、それは現実になる。

▼ないものに焦点を当てるのではなく、あるものに焦点を当てる▲

父が28歳、そして母が27歳のとき、ジョン・フォッピは3人の兄に続く四男として生まれました。当然のことながら、両親は女の子を期待していたようです。ところが生まれてきたのは、両腕のない男の子。

ジョンによると、どうして両腕のない子が生まれてきたのか、当時はもちろん、今でも原因がはっきりと分からないと主治医は説明するそうです。ただ当の本人は、「両腕がないまま自分が生まれてきた原因なんて知りたくもないし、**知ったところで自分の人生にプラスにならない**」と、あっけらかんとしていました。

ジョンが生まれて、敬虔なクリスチャンである母親は、この赤ん坊を育てようかどうか絶望的なほど悩んだそうです。その苦しみは想像を絶するものだったに違いありません。ポジティブに考えようとしても、「もし……だったら」といった質問の嵐に襲われたと言います。

もしこの子が一生ひとりで物を食べられないとしたら……

もしこの子が一生ひとりで服を着られないとしたら……
もしこの子が一生仕事に就けないとしたら……
もしこの子に一生友達ができないとしたら……
もしこの子が一生結婚できないとしたら……

しかし、彼の母は、「どうして神は自分にこんな仕打ちをしたのだろう?」とは考えず、「神はきっと、何かの意味を持ってこの試練を与えてくださっているに違いない。少なくとも彼には両足があるじゃないの」と意味づけをし、彼を育てることを決心します。

そんな彼女は当初、「一生この子の面倒はわたしが見る」と心に決め、何からなにまでジョンの世話をしていたそうです。ですから幼少の頃のジョンは、5歳になるまで自分が普通の子とは違う存在なのだということをあまり理解できていなかったようです。

ところが幼稚園に入園した初日、遊び場で楽しく遊ぶ同世代の子供たちを見て、彼はショックで愕然とします。

ジャングルジムや砂場で遊ぶ子供たち、ジュースを美味しそうに飲む笑顔、そして、ひとりポツンと遠くでその光景を見ている自分。

そのときジョンは、普通の5歳児が考えそうもない特殊な質問を自分にします。

僕はいったい何者だ？
僕は化け物なのか？
どうして僕はこの世界に存在するんだ？
どうして神様は僕をこんなふうにしたんだ？

人間はつい、〈Why（どうして？）〉形の質問を無意識にしてしまう、とジョンは言います。

どうして自分はこんなに運が悪いのだろう？
どうして自分の人生はこんなにみじめなのだろう？
どうして神は自分を見放したのだろう？

しかしながら、ジョン・フォッピ・ファミリーは彼が生まれて間もない頃から、〈Why（どうして？）〉形の質問ではなく、〈How（どのように）〉や〈What（何を）〉形の質問をするように習慣づけていったと言います。

今、人生を向上させるために何が必要なんだろう？　何をすればいいんだろう？
今の自分ができることは何だろう？

どのようにすれば、自分は成長できるだろう？

これらの質問の大前提は、〈Hope（希望）〉がなければ効力を失う、ということです。〈Hope〉があればこそ、こういった質問を自分に言い聞かせることができるとジョンは言っています。ジョンの両親にとって、この〈Hope〉は彼が2歳のときにやってきました。

それまでのジョンは（両腕がないわけですから）、普通の赤ん坊のようにはハイハイもできず、まともにバランスが取れるような状態ではなかったといいます。その光景を見たジョンのおばあさんは絶望的になって、彼の母親、つまり彼女の娘をののしったそうです。

ところがジョンが2歳になったとき、彼がつまようじを両かかとで自分の口元まで持ち上げ、そのつまようじを口にくわえ、袋に入った砂糖をなめようとしていた様子を見た母親は、初めてこの両腕のない息子に希望を感じます。

ひょっとしたら、この子は普通の子と同じように生きていけるかもしれない！

ここがスタート地点だったと彼女はたびたび回想するそうです。

どうすれば、この子はひとりで生きていけるだろう？

彼女は考え抜いた結果、一つの教訓を息子に徹底させます。

〈**ないものではなく、あるものに焦点を当てる**〉という教訓です。

彼女は自分自身にもその質問を投げかけました。

ジョンにない両腕のことばかりを自分は考えていた。それは自分が、〈**ないものに焦点を当てていた**〉から。そうではなく、ジョンにあるもののことを考えればいいんだ、と気づいたのです。

ジョンにあるものは何だろう?

脚がある。

口がある。

肩がある。

この3つの道具を巧みに使えるように、肉体をアジャスト（調整）させる訓練をしていけばいい、彼女はそう考えたそうです。

ところで、僕はこのジョンの話を聴いていたとき、自分のことがとても恥ずかしくなってしまったのを今でも覚えています。

実際、僕はこの当時、〈**ないもののことばかり考えている**〉ような人間だったからです。

自分にはお金がない。

自分には人脈がない。

自分には才能がない。

しかし、この話を聴いた後、自分には何があるだろう？　とすぐに自問しました。

僕には……

住む家がある。

食べるものもある。

時間がある（僕はまだ若い！）

着るものもあるし、ちゃんとした車もある。

素晴らしい家族もいるし、そのうえ五体満足の体があるじゃないか！

何て僕は幸運なのだろう、という気持ちが湧いてきて、溢れんばかりのパワーを感じることができたのです。


〈ないものではなく、あるものに焦点を当てる〉

あなたには何がありますか？

是非この質問を常に自分に投げかけてみてください。

あなたがどんなに豊かで幸運であるかきっと理解するでしょう。

あなたはきっと何にでも感謝できるような人間になっていくはずです。

僕はここで〈**気づき**〉ました。

ないものではなく、あるものに焦点を当てる。
自分が持っていないものではなく、
持っているものに焦点を当てる。
自分がいかに満たされているか、
豊かであるかを感じるとき、
無限の可能性の扉は開かれる。

▼タフ・ラブは人間を強くする愛、そして人間を成長させる愛▲

タフ・ラブ、〈**不屈の愛**〉という意味です。

ジョンと彼の母を語るうえで、このタフ・ラブというコンセプトをはずすわけにはいきません。

ジョン・グレイ博士の章で、オキシトシンという女性ホルモンを説明しました。このホルモンの化学反応の影響で、特に女性は自分の子供を愛する（つながる）、という説明です。

確かにそうです。世間のニュースを見ていると、異常なほど息子を溺愛している母親も見受けられます。35歳にもなる無職独身の放蕩息子の家事などの世話をし、小遣いをあたえ、いつまでたっても一人立ちするのをサポートせず、その結果、息子から裏切られ、自分がしてきたことを後悔する……日本にはどれほどこのような母親たちがいるのでしょうか？

愛にはいろいろな形があります。溺愛するのも愛の形の一つでしょう。

ただここであなたにお伝えする愛の話は〈**溺愛**〉ではなく、〈**不屈の愛**〉です。そしてもしジョン・フォッピの母親が〈**不屈の愛**〉をジョンに与えず、〈**溺愛**〉してしまっていたら、彼はきっと駄目になっていたという話です。是非あなたもこのジョン・フォッピ・ファミリーの不屈の愛のストーリーを、心と頭を柔軟にして吸収してみてください。ときには厳しく〈**タフな愛**〉が必要であることをご理解いただけるはずです。


ほとんどの家庭が一緒だとは思うけど、うちの家族の中心人物はママ。

そして、ママが我が家のルールを決める。

何か変化を起こそうとすると、いつもママが行動するんだ。

あのときもそうだった……

僕が10歳になったとき、兄弟たちはママに呼び出された。

呼び出されなかったのは僕だけ。

ママは兄弟にこう言ったんだ。

「**今後一切ジョンの着替えを手伝っては駄目。これからはジョンにひとりでやらせるのよ**」って。

僕は10歳までずっと、ひとりでは着替えができなかった。

着替えるときはいつも兄さんたちが手伝ってくれていた。

当然、ずっと兄さんたちが着替えを手伝ってくれると思っていたんだ。

でも突然、彼らは手を差し伸べるのをやめた。
兄さんたちに聞いたんだ。
「どうして着替えを手伝ってくれないの？」って。
そしたら、**「ママがジョンにひとりでやらせるように」**って言ったんだ。
僕はカッとなって、ママのところへ飛んで行ったさ！
ママと僕は僕の部屋で二人きりで話すことになった。
「どうしてママは兄さんたちにあんなことを言ったの？」って僕は聞いたよ。
ママはただ一言、**「これからは自分ひとりで着替えるのよ」**って言ったんだ。
僕は激怒したよ。
ママには僕が見えないの!?
僕には両腕がないんだよ！
服なんて着替えられるわけないじゃないか！
ママは何も言わず、ただ泣いていた。
ママ、僕の着替えを手伝ってよ!!
僕はズボンやパンツを絨毯にこすりつけ、何とか服を脱ぐことができた。
ママ、ここからはひとりではできないよ。
手伝ってよ!!

ママなんかには僕の気持ちが分からないんだよ！

どうやってひとりで着替えろって言うんだ！

ママなんて嫌いだよ！

どうして僕なんかを生んだんだよ！

ママは泣きながら部屋を出て行ってしまった。

それから僕はやけくそになって、新しいパンツの片方の穴に足を入れ、もう片方の穴にもう一方の足を入れる。

そのまま絨毯の上に座り込み、絨毯にパンツを押し付けながら、何とかパンツを股間の方へとずらそうとする。

ようやく太腿の方まできて、おしりまで入れようとすると、これがなかなか入らない！

あと一歩というところで、少し体を起こすと、またパンツはずれ落ちてしまう……

かれこれ4時間はそうやっていただろうか。

鏡に映る背中や太腿が絨毯でこすれ、赤くはれ上がった両腕のない無様な自分を見たとき、僕は……僕は初めて孤独というものを感じた。

そう、今も昔も、あれ以上の孤独感を味わったことはない。

本当にタフだった。

後から聞いたのだけど、ママはずっと自分と闘っていたらしい。

「ジョンを助けてやりたい！」って。

何度自分に負けそうになったか分からないって。

「扉を開けて、ジョンの着替えを手伝ってやりたい。でも今助けたら、ジョンはこれからずっと駄目になる。駄目！　今助けては駄目なのよ！」って。


あの頃は本当にタフだったけど、僕はひとりで着替える方法を学んだ。

そしていろいろな意味で、ひとりで生き抜く方法を学んでいったんだ。

後になって、ママの心の方がもっとタフな状態だったってことを理解できた。

ママに本当に感謝している。

もしママがあのとき、〈**タフ・ラブ**〉で僕に接してくれていなかったら、きっと僕は駄目になっていたと思うし、きっとこのステージにも立っていない。

皆さんも覚えておいてほしい。時には愛する者に対して〈**タフ・ラブ**〉で接しなければならないときがあることを……

僕はここで〈**気づき**〉ました。

やさしくするだけが愛ではない。
真にその人のためになることを考え、愛する、
タフ・ラブというものがあることを理解する。

タフ・ラブは人間を強くする。
タフ・ラブは人間を成長させる。
そして、タフ・ラブは人間を自立させる。

▼僕の人生が変わった瞬間
サンクス、ジョン！　生きててくれてありがとう！▲

「両手が欲しいと思うのは当然のことだよ。もし両手があったとしたら、高いところにも手が届くし、重いものだって持てる。でもね、もしそうだったとしても、結局のところ問題はなくならない。実際、両手のあるあなたたちだってさまざまな問題を抱え、自殺してしまう人だっている、そうだろ？
結局のところ、腕があるとか、肉体的ハンディキャップがどうだとかっていう問題じゃないんだよね」

ジョンはとても感情豊かな人です。
時には静かに語り、時には激昂して叫ぶこともあります。

「〈**ハンディキャップ**〉という言葉を言い換えると、〈**身体障害**〉だったり〈**欠陥**〉だったり、さまざまな言葉で表現することができる。

でも僕はここで、あえて〈**コンディション（状態）**〉という言葉を使いたい。

人はさまざまなコンディションを持って生まれる。

白人だったり、黒人だったり、お金持ちの子として生まれたり、貧乏人の子として生まれたり、男性だったり、女性だったり……

これらはすべてコンディションだ。

〈**お金がない**〉というのと〈**両腕がない**〉というのはどちらも同じ、そう、〈**コンディション**〉だ。

このコンディションというものを調べていくと、面白いことが分かる。

ある統計によると、マザー・テレサやマーチン・ルーサー・キングJr.のような世界を代表するリーダー３００人を調べた結果、その75％は幼少の頃に虐待を受けたり困窮した生活を体験し、その25％は何らかの肉体的障害を持っていた、ということが分かった。

つまり、環境的ハンディキャップや肉体的ハンディキャップは成功できない理由にはならない、ということが証明されているんだ。

僕を見てくれ！

僕のコンディションは明らかに〈**両腕がない**〉ということだ。

ある人はこのコンディションであることに絶望を感じ、自殺してしまう人もいるだろう。

しかし、事実は、僕はこのコンディションがあるからこそ、今こうして皆さんの前で話すことができているし、世界中を旅し、何千何万という人々に会い、時にはめったに会えることのない有名人にも会ってきた。
それもこれもすべて、このコンディションのおかげなんだよ！」

ここでジョンは僕の人生を完全に変えたスピーチをします。
僕の人生が変わった瞬間です。
忘れることができません。

「**本当のハンディキャップというのは肉体的や環境的なものでなく、心や感情的なものだ。**この心と感情のハンディキャップという魔物が、人々から人生を最高に生きる力を奪ってしまう」

この言葉を聞いたとき、僕の魂は震え、感動のあまり涙が止まらなくなりました。
僕が長年欲しかった答えがここにあったのです！

「僕は夢を生きています。
世界中を旅し、大勢の人たちに会い、大勢の人たちの前でスピーチをし、本も書きました。

自分が抱いてきた夢を一つひとつ叶えてきました。

でも、最近叶えたこの夢に比べたら、どんな夢もかないません。

ずっとこの日を夢見てきました。

僕が叶えた最高の夢です！

クリスティーン、おいで！」


ああ、やっぱり！　やっぱり彼女だったんだ！


「僕の妻、クリスティーンです。

彼女は僕の宝です、生きがいなのです！」


「I love you」とジョンの耳元でささやくと、クリスティーンはジョンを抱きしめキスをしました。

会場は割れんばかりの大歓声です。

スタンディング・オベイション！

何千人もの観衆が立ち上がってジョンに拍手を送っています。

セミナー主催者であるリチャード・タンＣＥＯが舞台に上がり、軽くジョンに挨拶をすると、今度はＶＩＰ席に座っている僕らに向かって、「上がってこい」とジェスチャーをしました。

僕は急いで舞台にあがり、ちょうどジョンとクリスティーンの後ろ側に立って、肩を組みながら『That's What Friends Are For』を全員で大合唱しました。

ジョン、おめでとう！

そして、生きててくれてありがとう！

君の魂に乾杯だ！

僕はここで〈**気づき**〉ました。

肉体的や環境的なハンディキャップは存在しない。
この世に存在しているハンディキャップは、
心や感情的なハンディキャップのみである。

より良い人生を送るために

あとがき

▼あとがき
より良い人生を送るために▲

〈変わりたい……〉

誰もが意識的、そして無意識的に思っていることです。もっと良くなりたい、素晴らしい人生を送りたい、と。しかし、残念ながら、ほとんどの人は〈**変われない**〉まま、拷問のような人生を生きてゆきます。なぜでしょうか？

二つの原因が考えられます。

一つは、もしあなたが今まで変われなかったであれば、すべてのものに勉強方法があるということを知らなかったということです。本書でも紹介しましたように、お金、恋愛、心、感情、健康など、ありとあらゆるエキスパートたちが世の中には古今東西存在し、彼ら偉人たちがこの世に残してきた知恵を実践するだけで、あなたは劇的に変われるようになっているのです。

トニー・ロビンズ他、多数の成功者たちがこの行為を〈**モデリング（成功者をモデルにして、結果を出せる行為を真似する）**〉と名付けています。おそらく、この本を読んでくださっている80％以上の方は何らかの自己啓発書をお読みになっているはずですから、このモデリングというコンセプトを今まで聞いたことがあるはずです。

モデリングという知恵を持ちながら、まだ変われないとすれば、それは一体どうしてなのでしょうか？

これが二つ目の原因です。

それは**〈間違った人をモデリングしている〉**可能性が高い、ということです。世の中にはいろいろな偽物成功者が存在し、きっとあなたの周りにもそういった人々がいるかもしれません。ある人は見せ掛け金持ち、ある人は口だけモテモテ人間、ある人は薬づけスーパー健康人間、そんなインチキ成功者たちが口八丁手八丁であなたに近づいてきます。どうしてか？　彼らも生きていかなくてはならないからです。

例えば、あなたもご存じだとは思いますが、最近の本の出版数はとてつもないものがあります。出版されては消え、新しい本が書店に飾られる、という繰り返しが続きます。経営したことがない経営コンサルタントが経営の本を書き、速読できない人間が速読の本を書く、こんなことが当たり前のように行なわれています。そのような本を読んで実践したところで成功できるわけがないのです。

だからと言って、彼らを責めるのは愚の骨頂です。彼らはビジネスをしているだけで、事実は、**〈選択する権利はあなたが持っている〉**ということなのです。

あなたに今必要とされている重要なスキルは、本物を見極める能力を養うことです。どれが〈**事実**〉で、どれが〈**意見**〉かを見極める能力です。

ロバート・キヨサキは、これを〈**デュー・デリジェンス**〉と呼び、情報が溢れまくっている今の学習時代（「我々はすでに情報時代を通り越して、学習時代を生きている」と彼は言っています）を生き延びて行くためには、その能力が絶対的に必要なのです。

とは言っても、それほど難しいことではなく、大した能力でもありません。ちゃんとリサーチすればいいだけのことです。〈**結果**〉をリサーチすればいいのです。

結婚もしていない独身の結婚相談カウンセラーをどうして信じることができるのでしょうか？

自分自身の財産を使って自分で株式投資をしていないファンドマネージャーをどうして信用することができるのでしょうか？

自分で不動産投資をしていない不動産営業マンの投資儲け話をどうして鵜呑みにするのでしょうか？

幸せに仲良く暮らしていない両親の言葉にどうして耳を傾けるのでしょうか？

僕は〈**結果**〉でしか判断できない人間です。すべての物事や出来事には理由があり、結果があります。それを見極めるのです。アンソニー・ロビンズの章で話しましたように、〈**笑顔**〉というのも結果ですし、〈**仏頂面**〉というのも結果です。先入観にとらわれず、是非ご自身でリサーチをし、結果で判断していくことができれば、あなたには素晴らしい未来が待っていることでしょう。

この本で紹介した5人（5組）のミリオネアたちは、多くの人々が本物と認めている偉大なリーダーです。是非彼らの良いエッセンスだけを吸収し、今日からのあなたの人生を向上させるために役立ててください。

あなたの人生がより素晴らしいものになり、傑作となっていくことを心より願っています。

この本を完成するまでに数々の困難が待ち受けていました。実は、僕は現在、「掌《しょう》蹠膿疱症性《せきのうほうしょうせい》骨関節炎」という難病と闘っています。原稿を書き上げる途中、何度も激痛に見舞われ、作業は中断を余儀なくされました。何度絶望に負けそうになったことでしょう。しかし、そのたびに、くじけそうになった僕を励ます多くの声によって蘇り、そしてついにこの本は完成したのです。

この本は、僕ひとりの力で書いたものではないと信じています。僕をバックアップしてくださる数多くの方々の力によって書き上がったものなのです。そんな方々に、心を込めて感謝の気持ちをここに表します。

まず心から敬意を払い、感謝すべきなのは、この原稿を仕上げるために最大の努力を尽くしてくださった成甲書房の編集者の方々です。田中亮介氏、ありがとうございます。

この本で紹介させて頂いた本物のメンターたちであるMr.ロバート・キヨサキ、Mr.アンソニー・ロビンズ、Dr.ジョン・グレイ、Mr.アラン&Ms.バーバラ・ピーズ、Mr.ジョン・フォッピに心からの敬意を表します。彼らがこの世に存在していなかったとすれば、今の僕の素晴らしい人生は存在しなかったことでしょう。

サンクス・ア・ミリオン！

今も僕に多大な影響を与え続ける偉大なマスターであるDr.トニー・カンポロ、Mr.ジグ・ジグラー、Sirジョン・テンプルトン、Mr.ジョー・ジラード、Mr.ロバート・アレン、Mr.ビッグ・アル・シュライツァー、Mr.ドン&Ms.ナンシー・フェイラ、Ms.キム・キヨサキ、Mr.ブレア・ジンガー、Mr.ケン・マクルロイ、Mr.デビッド・ノバック、Mr.ジョセフ・マクレンドンⅢ、Mr.ブライアン・トレーシー、Dr.スティーブン・コヴィー、あなたたちの教えがなかったとしたら、僕は今を生きていないでしょう。

Thank you very much!

ロバート・キヨサキ&アンソニー・ロビンズ同時通訳チームのメンバーであるクリス岡崎さん、さやこ・ドイテルさん、井口晃さん、あなたたちがいなかったらあのプロジェクトは成功しなかったでしょう。

サンクス・ア・ロット！

親愛なるスカイクエストコム・ファミリー・メンバー、Mr.リチャード・タン、Ms.ベロニカ・タン、Ms.タン・ヤンポー、Mr.パトリック・リュー、宇敷珠美さん、滝打麻衣子さん、星屋友通&仁観ご夫妻、神之園啓志さん、越智裕之さん、山口貴亮さん、大倉広克さん、高木耕一郎さん、中野昭示さん、小倉真也さん、吉田光慶&友美ご夫妻、福田康夫&温子ご夫妻、北村英樹さん、藤下浩さん、下津浦義之さん、中田睦戸&幸子ご夫妻、香月政子さん、青木朋実さん、阿津地美紀さん、早川源治さん、人見幸男さん、川口久美子さん、石川卓男さん、植山弘子さん、玉木領子さん、瀬戸幸恵さん、岸岡千裕さん、鈴木徹さん、黒阪亮太さん、櫛明美さん、畦地洋平さん、あなたたちの教育に対する情熱と努力が、この世の中をますます素晴らしい場所にしていくことでしょう。その多大な貢献に感謝しています。

ありがとうございます。

いつも僕をバックアップ&サポートしてくれるインテリジェンス・トレンド・グループのチームの皆さん、加藤雅子さん、立花彩良さん、藤野朋子さん、吉野由里子さん、宮崎恵美子さん、岩本まみさん、柴田可織さん、山田武弘さん、大高裕司さん、二神将輔さん、中嶋亨さん、北村英嗣さん、岩本勝信さん、若宮啓伸さん、縄一彦さん、あなたたちの見返りを期待しない純粋な心が僕をここまで引っ張ってくれました。

本当にありがとう！

いつも僕を温かく応援してくださっている本田健さん、ありがとうございます。言葉では言い表わせないほど感謝しています。

初めて会ったときから、昔からの友人のように話しかけてくださった博多ギブソン・レスポール・キッドである、僕の煩悩まみれの頭脳に炎を注ぎ続ける岡崎太郎さん、本当にありがとうございます（やっぱりレスポールはいいですねえ）。

僕に多大なインスピレーションを与えてくれた数々の成功者の方々、臼井由妃さん、松尾一也さん、覚田義明さん、Mr.ウィリアム・リード、藤林悟さん、三浦敬丈さん、原裕一郎さん、Mr.ニック・サーズ、大竹道子さん、村上優さん、藤尾明秀&瑠利子ご夫妻、柿野隆さん、與座忠さん、内山大志さん、落合直人さん、Ms.ゲーシー・エリクソン、Ms.キアラ・ルセブルー、熊谷明美さん、加藤都樹子さん、西坂勇人さん、高木明咲子さん、野村篤さん、百瀬鮎子さん、鈴木ちかこさん、本田健作&マダムれいこご夫妻、無知な僕に色々とアイディアを提供してくださってありがとうございます。

心からお礼を申し上げます。多謝。

南米バッド・ブラザーズの相棒、塩野目紘幸さん、あなたがプレゼントしてくれたラリー・カールトンと高中正義の音楽が僕の心を何度もナチュラルにしてくれました。今度は自慢のギターで一緒にジャムりましょう。

グラシアス！

小林佳一&永子先生ご夫妻へ。まだ僕が無名の頃から著名講師のように遇してくださったことを一生忘れません。先生の応援が僕をどれだけ鼓舞してくれたか計り知れません。心から感謝しております。

極度の疲労状態時、なぜか河本家の卓上にあったのは首藤家のきんぴらごぼうです。このきんぴらごぼうの力がこの原稿を書き上げたと言っても過言ではありません。首藤二郎さん、首藤治子さん、首藤真野さん、ありがとうございます。

いつも純粋に僕を心からサポートしてくれている家族のメンバーである父（河本行由）、母（河本紀子）、そして、兄弟（河本修、由香マクファーラン、河本満）へ、思いやりをありがとうございます。

これからこの世に生まれてくるまだ名もない我が子へ。君を想うと、ダウンしそうなときでも不思議な底力が湧いてくるのを何度も体験しました。早く君に会いたいです。君を愛しています。

そして、この世で一番大切な人、河本文香へ。君の笑顔がいつも僕を奮い立たせました。ありがとう、愛しているよ！

愛と行動、そして、人生を楽しもう！

２００５年９月　河本隆行《かわもとたかゆき》

◉著者について

河本隆行（かわもと　たかゆき）

1969年2月5日東京生まれ。早稲田実業学校高等部卒。25歳のとき、ほとんど英語を話せない状態で単身渡米、その後6カ月で劇的に英語をマスター。2001年、UCLA（カリフォルニア州立大学ロサンゼルス校）卒業。アメリカ留学中に出合った「脳神経回路コンディション法」により、自分自身を「勉強嫌い」から「勉強中毒」に変身させ、健康、男女関係、コミュニケーション、ビジネス、お金、マネージメント、投資、時間管理などの精緻なインテリジェンスをマスターする。2003年からはロバート・キヨサキやアンソニー・ロビンズらの同時通訳者を務め、自身もピーク・パフォーマーとして講演やセミナー活動を展開している。訳書に『人生を変えた贈り物』（アンソニー・ロビンズ著、小社刊）がある。

オフィシャル・ウェブサイト：
www.kawamototakayuki.com
取材、講演、セミナー、通訳、翻訳、個人カウンセリングなどの依頼や問い合わせは
info@kawamototakayuki.com まで。

ミリオネアの教《おし》え、
僕《ぼく》の気《き》づき

◉著者
河本隆行《かわもとたかゆき》

◉発行日
初版第1刷　2005年10月10日

◉発行者
田中亮介

◉発行所
株式会社 成甲書房

郵便番号101-0051
東京都千代田区神田神保町1-42
振替00160-9-85784
電話03(3295)1687
E-MAIL　mail@seikoshobo.co.jp
URL　http://www.seikoshobo.co.jp

◉印刷・製本
中央精版印刷 株式会社

Printed in Japan, 2005
ISBN4-88086-188-X

定価は定価カードに、
本体価はカバーに表示してあります。
乱丁・落丁がございましたら、
お手数ですが小社までお送りください。
送料小社負担にてお取り替えいたします。